KB039313

# 사소하지 않은 생각

# 死 生 사소하지 않은 생각

죽음에게 삶을 묻다

김선회 지음

|주|자음과모음

죽음에 관한 참된 물음은 무엇인가? 죽음은 무엇이 문제이며, 왜 문제인가? 왜 우리는 죽음에 관해 생각해야 하는가? 우리는 죽음에 대해 어떤 태도를 가져야 할까? 죽음에 대한 생각은 부정적이기만 한 것일까? 삶에 집중하는 동안 죽음은 잊는 것이 당연한 것일까? 죽음을 생각한다는 것은 어떤 것일까? 삶 가운데 또한 죽음이 있다면, 우리는 어떻게 살아야 하며 사는 동안 어떻게 죽음과 대면해야 할까? 죽음을 올바르게 성찰하며 살아간다는 것은 무엇일까?

이 책은 죽음에 대한 지식을 얻거나 죽음을 이론적으로 탐구하기 위한 것이 아니라, 죽음에 대한 사유를 통해 삶을 성찰하고 각자 가치 있는 삶을 찾아가는 데 작은 동행을 하기 위해 쓰인 것이다.

어떤 의미에서 우리는 죽음에 대해 알 수 없고 죽음에 대한 지식을 가질 수도 없다. 죽음을 경험해본 적이 없기 때문이다. 다만 죽음은 피할 수 없으며 우리가 언젠가는 맞이해야 하는 것이라는 점은 확실하다. 그런 만큼 죽음을 용기 있게 대면하는 것이 삶을 제대로 살기 위해 중요하다는 것 또한 틀림없는 사실이다.

죽음 자체는 선도 아니고 악도 아니다. 그 자체는 중요한 문제가 아닐 것이다. 오히려 우리가 죽음을 사유하고 성찰할 때, 삶의 활기를 불어넣어줄 수 있는 소중한 가치들과 만나는 것이 중요하다. 나는 그러한 가치들과의 만남이 죽음을 선물로 이끌어준다는 것을 이야기하고자 한다. 죽음에 직면하여 어떻게 삶의 선물을 만날 것인가를 사유하는 것이 우리에게 더 중요한 문제라고 생각한다. 무엇보다 죽음에 대한 사유는 죽음 자체에 몰두하기 위한 것이라기보다는 우리가 살아갈 삶의 진실을 놓치지 않기 위한 것이다.

이 책에서 우리는 죽음에 직면하여 인생의 가치와 의미를 묻고 사유했던 철학자와 사상가를 만나볼 것이다. 그들과 대화하고 동행하면서 죽음과 그 이면에 놓인 의미에 관해 성찰할 것이다. 과거의 사상가들, 심지어 기원전 3000년경의 사상으로부터 한 세기 전의 사상과 철학자에 이르기까지 그들이 수행했던 죽음의 사유를 지금 이야기하는 것이 무슨 의미가 있을까? 과거의 사상이 오늘을 사는 우리들과 대화할 수 없다면 그것은 별 의미가 없을 것이다. 그리하여 나는 그들의 사유가 오늘날 우리에게 갖는 의미가 무엇인지, 우리의 문제의식에서 바라보려고 시도했다.

왜 죽음을 사유하고 죽음의 이면을 헤아려야 하는가? 죽음을 생각하는 것은 삶을 제대로 살기 위한 것이기도 하다. 삶도 모르는데 어찌 죽음을 알겠느냐고 말할 수도 있겠지만, 죽음을 모르고 삶을 제대로 살기 어렵고 삶의 진실 또한 알 수 없을 것이기 때문이다. 삶을 제대로 살기 위해서는 죽음을 회피하기보다는 죽음에 직면하여 용기 있게 대면하는 것이 필요하다. 오히려 우리는 죽기 때문에 더 잘 살아야 하고, 죽음에도 불구하고 살아가야 하고, 더구나 자신의 삶의 이유를 찾아 살아가야 하기 때문이다. 우리가 죽지 않는다면 결코 묻지 않을 물음들을 통해, 우리는 삶의 의미를 묻고 삶의 가치를 찾으며 그 물음과 함께 성장하고 우리의 삶의 소명을 찾아 나서게 될 것이다.

죽음에 직면하여 죽음을 회피하지 않고 의연히 받아들이기를 기대한다. 삶의 기쁨을 더 강렬하게 느끼거나, 죽음에 대해 올바르게 사고함으로써 삶의 자유와 구원을 얻거나, 자신의 삶을 창조할 수 있는 용기와 통찰을 얻었던 철학자들과의 만남과 대화를 통해 죽음이 주는 선물을 즐겁게 사유해나가기를 기대한다. 이것이 이 책을 쓰는 이유다. 우리가 죽음을 성찰함으로써 삶의 방향과 자기 소명을 찾을 수 있다면, 그리고 삶의 이유와 활기와 기쁨, 추억의 소중함, 특히 우정과 사랑으로 이룬 기억의 힘을 찾을 수 있다면 자신이 살아가는 데 그보다 큰 선물은 없을 것이다.

이 책은 청소년기에 자신의 꿈을 찾아 열정을 다해 살아가는 딸 수빈이를 생각하며 쓴 것이다. 수빈이에게 사랑한다는 말을 전한다.

2017년 여름

김선희

# 차례

죽음에 대한 사유는
죽음 자체에 몰두하기 위한 것이라기보다는
우리가 살아갈 삶의 진실을 놓치지 않기 위한 것이다.

1장
/

우정은 죽음을 의연히 받아들인다

길가메시

● 　　　　친구는 자신의 분신이기도 합니다. 진정으로 자신을 이해해주는 친구의 눈을 통해 우리는 자신의 참 모습을 바라보게 됩니다. 즐거운 경험을 나누었던 친구와 함께라면 인생을 거는 모험도 거침없이 할 수 있을 듯합니다. 길가메시에게 앤키두는 자기의 분신 같은 친구였고, 함께 모험하고 자신처럼 사랑했던 친구였습니다. 그런데 그런 친구가 죽었습니다. 여러분은 그런 친구가 죽었다면 어떤 생각이 들까요? 그 상실감을 어떻게 극복할 수 있을까요? 친구 앤키두가 죽은 후, 길가메시는 영생을 구하기 위해 먼 길을 떠납니다. 자신이 가진 부귀와 영화를 모두 버리고 삶과 죽음의 경계를 넘나드는 방랑을 합니다. 우정의 힘은 길가메시에게 어떤 깨달음을 줄까요? 길가메시는 어떻게 영생과 죽음의 비밀을 찾게 될까요?

# 죽음을 다룬 최초의 이야기

## 길가메시는 누구인가?

『길가메시 서사시』는 기원전 3000년경 메소포타미아의 도시국가 우룩을 다스렸던 위대한 왕 길가메시(Gilgamesh, 고대 메소포타미아의 영웅 중 가장 잘 알려진 인물이자, 실제로 존재했을 가능성이 있다고 알려진 우룩 제1왕조의 왕)의 이야기다.* 이는 호메로스 서사시보다 1,500년 정

---

\* 여기에서 인용하는 부분은 N. K. 샌다스가 영문으로 판독한 책과 샌다스의 해설을 묶어서 번역한 책(『길가메시 서사시』, N. K. 샌다스, 이현주 옮김, 범우사, 1978)에 근거한 것임을 밝혀둔다. 『길가메시 서사시』는 여러 차례에 걸쳐 발굴되어 수정과 보완을 거쳐 전체를 구성한 것이지만, 이 텍스트의 이야기를 한 편의 통일된 작품으로 간주하고 여기에서 전개되는 죽음의 사유로부터 우리가 얻을 수 있는 통찰을 찾아보기로 한다.

도나 앞선 것으로 추정되는 인류 최초의 서사시이자, 인간의 죽음에 관해 심층적으로 사유했던 최초의 작품이기도 하다. 이 서사시는 우룩의 길가메시 왕에 대한 묘사로부터 시작한다.

지금부터 길가메시의 행적을 알리노라. 그는 모든 것을 알았고 세상 모든 나라를 알았던 왕이다. 슬기로웠으며, 신비로운 사실을 보았고, 신들만 알던 비밀을 알아내었고, 홍수 이전에 있었던 세상에 대해 우리에게 알려주었도다. 그는 긴 여행 끝에 피곤하고 힘든 일에 지쳐 돌아와 쉬는 중에 이 모든 이야기를 돌 위에 새겼노라.

길가메시의 모습은 다음과 같이 그려진다. "신들은 길가메시를 창조할 때 그에게 완전한 육체를 주었으니, 즉 위대한 태양의 신 샤마시는 그에게 아름다움을 주었고 폭풍의 신 아닷은 용기를 불어넣어주었으며, 그 외의 많은 신들이 그에게 거대한 들소처럼 강한 힘을 주어 보통 사람들을 능가하게 했도다. 3분의 2는 신이요, 3분의 1은 인간으로 만들었도다."

아름다운 용모와 완전한 육체, 강한 힘과 용기는 신들에게 부여받은 것으로, 길가메시는 인간의 속성보다 신적인 속성을 더 많이 갖는 듯이 묘사된다. 하지만 이야기가 전개되면서 그의 사고와 행적은 지극히 인간적인 것으로 나타난다. 길가메시는 사람들이 추구하는 물질적 소유와 절대 권력, 명성과 육체적으로 강력한 힘을 모두 가졌으나 그러면서도 지극히 인간적인 기질과 성품을 가진 왕이라는 것을 우리는 잊어서는 안 된다. 즉, 이 서사시의 주인공은 신이 아니라 인간이다. 여기에는 신들이 등장하고 때로는 인간사에서 중요한 역할을 하기도 하지만, 이 작품은 인간들의 우정과 모험과 영웅적인 삶을 전하는 인간 세상의 이야기다.

　이 서사시에는 우정과 사랑, 투쟁과 모험과 방랑의 이야기가 펼쳐지지만, 무엇보다도 죽음에 대한 깊은 사유가 면면히 흐르고 있다. 죽음을 사유하는 인류 최초의 서사인 셈이다. 특히 『길가메시 서사시』에는 우정과 죽음을 명시적이고 직접적으로 연결시키는 독창적인 사고가 들어 있다. 그리고 놀랍게도 그 이후 5,000년 동안 전개된 그 어떤 사상 못지않게 죽음과 영생에 대한 창조적인 사유와 더불어 새로운 문제의식을 불러일으키는 매력을 가지고 있다.

　이 서사시의 전반부는 길가메시와 그의 친구 앤키두의 우정과 모험에 관한 것이며, 그들이 서로의 분신으로 얼마나 깊은 사랑과 우정으로 연결되어 있는지를 잘 보여준다. 후반부는 앤키두가 죽은 이후에, 길가메시가 좌절과 절망으로 모든 것을 버리고 영원한 생명을 얻기 위해 구도와 방랑의 길을 떠나면서 겪는 경험과 깨달음의 과정을 그리고 있다. 결국 길가메시는 세상의 모든 것을 알았고, 신들의 비밀을 알았고, 그럼에도 인간으로 남았으며(나는 그가 신이 될 수 없었던 것이 아니라 인간으로 남았다고 해석할 것이다), 자신의 깨달음을 돌에 새겨 인류에게 전수했던 조상이다.

・

## 친구와의 만남

『길가메시 서사시』의 도입부는 아름다운 용모, 들소같이 강한 힘, 물질적이고 육체적 힘으로 무장하고 절대 권력을 가진 길가메시를 묘사한 후, 그가 부리는 횡포를 누구도 상대할 수 없는 괴력으로 기술한다. 이야기의 초반부에 길가메시는 강하고 뛰어나지만 악행을 일삼는 인물로 등장한다. 길가메시로서도 자신에게 걸맞은 상대가 없고 자신의 갈망을 채울 상대가 없었다. 그래서 그의 강한 힘은 방향을 찾지 못한 채 부정적으로 발산되어 사람들을 괴롭히는 데 소모된다.

이야기의 초반부에 이러한 주인공의 결핍을 메우기 위해 두 사람의 만남이 예견된다. 사람들은 길가메시의 횡포를 저지하도록 신에게 도움을 청한다. 신들은 백성들의 호소를 듣고 길가메시를 창조한 여신에게 그의 짝을 만들어줄 것을 요청한다. 그에게 걸맞은 모습의 상대를 만들어 보낸다면, 그들이 서로 만족하여 비로소 우룩이 조용해진다는 것이다. 이렇게 하여 길가메시의 상대로 앤키두가 창조된다. 어쩌면 우리도 자신에게 걸맞은 친구를 만나기 전까지는 자신의 에너지와 잠재력을 올바르게 사용하기 어려울 수 있다. 자신이 이해받지 못할 때, 모든 것이 자신에게 우호적이지 않고 못마땅해 보이기도 한다. 서로를 알아보고 이해해줄 친구만이 세상의 외로움과 공허함에서 벗어나게 해줄 수 있다.

앤키두와의 만남은 길가메시의 꿈속에서 예시된다. 길가메시는 꿈속에서 자신을 매력으로 끌어당기는 분신이자 형제인 친구를 만난다. 그의 어머니이자 슬기로운 신 가운데 하나인 닌순은 길가메시의 꿈을 듣고 그 뜻과 함께 친구를 만날 것을 알려준다.

하늘에서 유성처럼 떨어진 별―네가 일으키려고 애썼으나 너무 무거웠고, 또 옮기려 했을 때 꼼짝하지 않았으며, 이제 내 앞에 가져온 이 별은, 내가 너를 위해 만든 것이다. 그는 너를 자극하고 충동하여 너는 마치 여자에게 끌리듯 그에게 빠질 것이다. 그는 곤경에 빠진 친구에게 도움을 주는 힘센 친구가 될 것이다. 그는 우룩의 신을 닮았고 아주 강한 힘을 지니고 있다. 광야에서 태어나 거친 숲속에서 자랐다. 그를 보는 순간 너는 기뻐할 것이고, 마치 여인을 사랑하듯 그를 대할 것이며, 그는 너를 배반하지 않을 것이다. 이것이 네가 꾼 꿈의 뜻이다.

신들이 길가메시를 위해 마련한 친구 앤키두는 문명과 동떨어져 야생동물에 의해 키워진 '원시인'으로, 길가메시만큼 강력한 힘을 가진 자다. 그는 우여곡절 끝에 길가메시와 만나 형제이자 친구가 된다. 닌순은 두 번째 꿈도 풀이해준다. "그는 하늘의 신들 같은 강한 힘을 지니고 네게 올 것이다. 그는 위험에 직면한 친구를 구해줄 용감한 동반자가 될 것이다." 앤키두를 보고 사람들도 기뻐하며 인정한다. "길가메시와 영락없이 닮았다. 이제야 길가메시가 임자를 만났구나. 신처럼 아름답고 위대한 이 영웅이야말로 길가메시의 좋은 상대가 될 거야." 둘이 만나 힘을 겨루고 난 후 그들은 서로를 알아본다. 앤키두와 길가메시는 서로 끌어안았고, 바야흐로 그들의 우정이 싹트기 시작했다.

이 서사시에서 앤키두와 길가메시의 우정은 모든 이야기의 중심을 이룬다. 길가메시는 앤키두를 만난 후 생명의 나라에 관심을 갖기 시작한다. 그의 용기는 더욱 커졌고, 길가메시는 숲에 사는 난폭한 괴물이자 거인 훔바바를 물리치기 위해 향나무 숲으로 가려고 한다. 숲에서 훔바바의 가공할 만한 파괴력을 본 적이 있는 앤키두는 한숨을 쉬며 길가메시를 만류한다. 그래도 그곳에 가려거든 태양의 신 샤마시에게 고하기를 청한다. 길가메시는 샤마시에게 이렇게 말한다.

오, 샤마시여, 내 소리에 귀를 기울이소서. 여기 이 나라에는 많은 사람들이 마음에 충격을 받고 죽어가며 실망 속에서 죽어가고 있습니다. 나는 성벽 너머 강물 위에 시체들이 떠내려가는 것을 본 적이 있습니다. 내 운명도 그러할 것입니다. 실로 모든 것이 그러하리라는 것을 나는 알고 있습니다. 아무리 큰 사람이라도 하늘에 닿을 수는 없으며, 아무리 큰 사람이라도 지구를 안을 수는 없습니다. 그런 고로 나는 그 땅에 가려고 합니다. (…) 유명한 영웅들의 이름이 새겨진 곳에 내 이름을 새기렵니다. 그리고 어느 인간의 이름도 새겨지지 않은 그것에 신들을 위해 기념탑을 세우겠습니다.

## 길가메시와 앤키두의 숲속 여행

길가메시는 훔바바와 결투하기 위해 숲속 여행을 시작한다. 이 여행은 이름과 명성을 남기기 위한 것이다. 죽음을 목격한 길가메시의 반응은 싯다르타가 죽음의 현장을 목격하고 생로병사에서 벗어나기 위해 출가를 결심하는 장면과 매우 비슷하다. 이처럼 길가메시는 죽음을 의식하며 인간의 죽을 운명을 알았으나, 그 때문에 오히려 명예를 추구하며 불후의 이름을 새기려고 한다.

내가 향나무 숲에 들어가 그를 정복하고 우룩의 아들들의 힘을 보여준다면 온 세상이 이 일을 알게 되리라. 나는 이 모험을 하기로 작정했다. 산을 오르고 향나무를 베어내어 내 이름을 영원히 남길 것이다.

길가메시가 훔바바를 물리치려는 것은 자신의 이름을 남기기 위한 것이다. 앤키두가 숲 입구에 도착하여 손에 힘이 빠져나가고 힘을 잃어버린 것을 느끼며 길가메시를 다시 만류하자, 길가메시가 대답하며 다시 반복한다. "사랑하는 친구여, 용기를 내어 전투에 대비하자. 만약 둘이 모두 쓰러지게 되면 우리는 영원히 이름을 남길 것이다."

길가메시는 죽음을 의식하지만, 죽음은 오히려 용기의 원천이 되고 이름과 명성의 가치에 집중하도록 만든다. 길가메시는 영원히 이름을 남길 수 있다면 죽음도 두렵지 않다고 생각한다. 하지만 이런 불굴의 용기는 친구가 있기에 가능한 것임을 뒤늦게야 깨닫게 된다.

길가메시는 명성을 얻기 위해 괴물을 처치하러 숲으로 떠나고 죽음도 불사한다. 죽음을 의식하지만 명성을 위해서라면 죽음은 두려울 것이 없다는 듯 용기로 넘쳐난다. 앤키두는 훔바바의 가공할 위력에 공포를 느끼며 주저하고 만류하지만, 길가메시는 친구 앤키두가 옆에 있는 한 거칠 것이 없다(후반부에 앤키두의 죽음 이후에 죽음의 절망과 두려움에 사로잡히는 것과 대조적이다). 우정과 사랑을 나눌 친구가 있는 한 죽음은 두렵지 않은 듯, 친구와 함께 모험하며 둘의 명성을 위해서라면 죽음은 두렵기는커녕 아무 장애가 되지 못한다. 길가메시의 주체할 수 없던 힘을 바로잡아준 것도 우정이었고, 죽음의 위험을 무릅쓰고 모험을 감행하는 용기를 불어넣어준 것도 우정이었다. 이렇게 우리는 실제로 사랑하는 친구와 함께라면 어떤 위험과 장애라도 뛰어넘을 수 있을 것처럼 용기가 생긴다. 기존의 관습을 넘어서 새로운 모험을 시도하기도 한다.

# 친구의 죽음이 삶의 가치를 바꾸다

## 앤키두의 죽음

길가메시와 앤키두는 훔바바를 물리치고 돌아와 낡은 의복을 벗어 버리고 새것으로 갈아입는다. 그때 여신 이시타르가 궁정의 예복으로 위엄 있게 차려입은 길가메시의 아름다움에 매혹된다. 이시타르가 자기의 신랑이 되어달라며 길가메시를 유혹하지만, 길가메시는 유혹을 거절한다. 그리고 그녀의 못된 과거 행적을 거론하다 분노를 산다. 이시타르는 길가메시를 저주하고, 하늘의 신들을 설득하여 결국 앤키두를 데려가기로 결정한다.

앤키두가 죽자 길가메시는 그를 위해 통곡했다. 새벽, 첫 햇살이

퍼질 무렵 그는 소리 높여 우룩의 시민들에게 외쳤다.

　오, 나의 형제 앤키두! 그대는 나의 편, 나의 도끼였다. 내 손의 힘
이었고, 내 허리띠의 칼이었다. 내 앞의 방패였고, 위대한 갑옷, 내
가장 아끼는 예복이었다. 악한 운명이 내게서 그대를 훔쳐갔다. (…)
　향나무 숲속, 그대가 사랑하던 길들이 밤과 낮으로 흐느끼고 있
다. 우리가 함께 거닐던 모든 길들이 울고, 우리가 사냥한 곰과 하이
에나, 호랑이와 반달곰, 황소와 토끼들, 맹수들이 울고 있구나. 우리
가 함께 거닐던 둑을 따라 흐르는 강도 그대를 위해 울고 있다. 온 백
성이 그대 앤키두를 위해 울고 있다.
　그대, 암흑 속으로 사라져 내 말은 듣지도 못하는구나.

길가메시는 마치 새끼를 빼앗긴 어미 사자처럼 울부짖었다. 그
는 새벽녘에 다시 일어나 외쳤다. "내 그대를 궁중의 침대에 눕게
했고, 왼팔이 되어 나를 돕게 했으며 온 땅의 왕자들이 그대 발에
입 맞추게 했다. 내 그대를 위해 온 백성으로 하여금 울며 장송곡을
부르게 하리라. 기쁨을 즐기던 자들은 슬퍼할 것이며, 그대가 땅속
으로 들어가는 날 나도 그대를 위해 머리를 풀리라. 사자의 가죽을
입고 광야를 방황하리라."
　길가메시는 다음 날에도 동이 틀 무렵 눈물을 흘리며 앤키두를

위해 울었다. 이레 낮과 밤을, 벌레가 앤키두의 몸을 파먹을 때까지 그를 위해 울었다. 그런 다음에야 길가메시는 앤키두를 땅에게 양보했다. 금과 구리로 친구의 동상을 만들어 태양에게 바치고 나서 길가메시는 울면서 먼 길을 떠났다.

자신의 분신이며 제2의 자신, 어린 형제이자 친구인 앤키두의 죽음을 목전에 두고 길가메시는 통곡하면서 슬픔과 절망에 사로잡힌다. 친구를 잃은 상실감을 달랠 수가 없었다. 그는 더 이상 편안히 쉴 수도 없고, 평화롭게 지낼 수도 없게 되었다. 그의 마음은 절망으로 가득 찼다. '자신의 분신이며 친구인 앤키두는 지금 어디에 있는가. 나 또한 그처럼 죽을 수밖에 없지 않은가?'라는 생각으로 처음으로 죽음에 대해 두려움을 느낀다.

그는 모든 것을 버리고 떠나기로 작정한다. 길가메시는 답을 구하기 위해 짐승의(사자의) 가죽을 입고, 들을 지나고 광야를 방황하며, 영원한 생명을 얻은 우투나피시팀을 찾아 먼 여행을 떠난다. 우투나피시팀은 온 인류를 집어삼킨 홍수에서 살아남은 유일한 생존자로서, 신들은 오직 그에게만 영원한 생명을 주어 자신들이 마련한 낙원에서 살도록 했던 것이다. 길가메시는 그에게 사는 것과 죽는 것에 대해 묻기 위해 그를 찾아 먼 길을 떠났다.

## 길가메시의 방랑

사랑하는 친구가 죽었다. 길가메시는 비통과 절망과 두려움으로 심장이 얼어붙고 편히 잠들 수도 없고 쉴 수도 없게 되었다. 죽음으로부터 친구의 생명과 자신을 구원하기 위해 먼 길을 떠나야 한다. 그는 죽는다는 것과 영원한 생명을 얻는다는 것이 무엇인지 깨달음을 얻기 위해 자신의 모든 것을 버리고 자기 영혼을 걸고 구도의 길을 떠난다. 붓다가 그러했고, 많은 성인들이 그러했던 것처럼.

오랜 여행이 시작되고 길가메시는 만나는 신들과 사람마다 자신이 위험한 여행을 하는 이유, 우투나피시팀을 찾아온 이유와 친구의 죽음으로 인한 절망과 두려움에 대해 반복하여 이야기한다. 그의 말 속에서 비통함이 느껴진다.

앤키두 때문이랍니다. 나는 그를 지독하게 사랑했었지요. 우리는 함께 온갖 고난을 겪었습니다. 그 때문에 왔습니다. 인간이라면 누구나 당하는 운명이 그를 데려갔거든요. 나는 그를 위해 밤낮으로 울었습니다. 그의 시체를 묻지도 않았습니다. 다시 살아날 것 같은 생각 때문이었지요. 그가 죽은 후로 내 삶은 사라졌습니다. 이것이 여기까지 아버지 우투나피시팀을 찾아온 이유입니다. 사람들은 그가 신들의 모임에 참석했고 영원한 생명을 얻었다고 하더군요. 그에게 죽는 것과 사는 것에 대해 묻고 싶습니다.

어찌 내 뺨이 야위고 얼굴이 어둡지 않을 수 있겠는가? 내 가슴속에 절망이 있고 (…) 내 어찌 바람 찾아 광야를 지나며 방황하지 않을 수 있겠는가? 내 친구이자 내 동생이 있었다. 그는 하늘 황소를 잡아 죽이고 향나무 숲속에서 훔바바를 집어 던졌다. 그는 내게 정성을 다했고 내 옆에 있어 나를 위험에서 건져주었다. 나도 그를 사랑했으나 죽음이 그를 잡아갔다. 그의 몸이 벌레들에게 파 먹히기까지 이레 낮과 밤 동안 그를 위해 나는 울었다. 내 동생으로 인해 나는 죽음이 두려워졌다. 그 때문에 광야를 헤매며 편히 쉬지 못하게 된 것이다.

사랑하던 엔키두가 먼지로 변했는데, 그리고 나 또한 죽어 땅속에 묻힐 텐데 어찌 편히 쉴 수 있겠는가? 잠자코 있을 수 있겠는가? (…) 나의 동생으로 인해 나는 죽음이 무서워졌다. 나의 동생으로 인해 나는 광야를 헤매게 되었다. 그의 운명이 내게도 무겁게 내리누르고 있다. 그러니 어찌 편히 쉴 수 있겠는가? 그는 먼지가 되었고 나 역시 죽어 땅속에 영원히 묻히게 될 것이다. 나는 죽음이 두렵다. 그러니 우르샤나비여, 내게 우투나피시팀에게 가는 길을 일러주지 않겠는가? 갈 수만 있다면 죽음의 파도라도 건너겠다. 갈 수 없다면 다시 광야를 헤맬 수밖에 없겠지.

신들과 문지기들은 한결같이 "당신은 생명을 찾을 수 없을 것"이라고 충고하지만, 길가메시는 "갈 수만 있다면 대해라도 건너고, 갈 수 없다면 계속 광야를 헤맬 것"이라고 말하면서 멈추지 않는다.

앤키두가 죽은 이후로 길가메시는 절망에 사로잡히고 지금껏 추구해온 명성과 권력, 왕좌와 그 모든 것의 가치와 의미를 잃어버렸다. 그리고 앤키두와 함께했던 당시에는 두렵지도 않고 오히려 모험할 용기를 주었던 죽음이 이제는 두려움으로 변해버렸다. 앤키두가 죽어 땅속에 묻히고 먼지로 변하자 그의 운명이 무겁게 내리누르고 언제든 자신에게도 덮칠 것을 알기에 죽음이 무서워졌다.

## 가치관의 전환

『길가메시 서사시』는 친구 앤키두의 죽음 이전과 이후로 나뉜다. 텍스트의 분위기도 앤키두의 죽음 이전과 이후로 확연히 달라진다. 전반부 이야기가 용모와 힘이 뛰어난 길가메시가 자신의 쌍둥이 같은 앤키두를 만나 우정과 우애를 나누고 천하무적으로 무서울 것이 없이 죽음 앞에서도 불굴의 힘으로 모든 것을 이루어나가는 진취적인 청년 왕의 모습을 나타낸다면, 후반부 이야기는 친구의 죽음으로 누구도 어쩔 수 없는 인간의 운명과 한계를 알아버린 길가메시의 좌절과 비애와 절망을 그려낸다. 더구나 죽음을 피할 수 없는 인간의 운명 앞에서 비로소 공포와 두려움을 느끼고, 친구를 통해 기쁨과 행복을 느끼던 예전의 삶이 슬픔과 절망으로 뒤바뀐다.

이렇게 친구의 죽음을 전후로 길가메시의 인생관과 가치관이 완전히 전환되고 죽음에 관한 사고에도 전환이 일어난다. 친구를 가슴에 묻은 길가메시는 더 이상 예전과 같을 수 없다. 한순간도 평화롭게 편히 쉴 수 없게 된다. 모든 가치가 전도되며 이름과 명성을 남기기 위해 목숨을 잃는 것도 불사했던 그는 모든 권력과 안락한 삶을 뒤로하고 초라한 행색으로 짐승의 옷을 입고 영원한 생명을 찾아, 죽음으로부터 구원받기 위해 방랑의 길을 떠난다. 명예와 이름을 추구하던 삶이 영원한 생명과 의미를 구하는 구도의 길로 바뀐다. 제2의 자아이며 분신인 친구의 죽음을 통해 자신의 죽음을 경험한다. 전에는 죽음이 명예로움을 추구하는 용기를 주었다면, 이제는 절망과 두려움을 불러일으킨다.

앤키두가 죽은 후, 길가메시는 절대 권력의 왕위를 버리고 짐승의 가죽을 덮어쓴 초라한 행색의 방랑자가 된다. 이제 그의 관심사는 어떻게 죽음을 넘어설 수 있는지, 친구를 살릴 수 있는지에 모아진다. 자신의 분신이 죽었다면 자기 또한 죽은 것과 다름없다. 친구를 살리는 것이 자신을 살리는 것이고, 영생의 길을 찾아 영원한 생명을 얻는다면 친구 또한 영원한 생명을 얻는 것이다. 길가메시는 모든 것을 버리고 영생을 구하기 위해 모험하는 방랑의 길을 떠난다. 명성을 얻기 위해 죽음을 두려워하지 않고 어떤 위험도 불사하는 용기를 내던 예전의 그가 아니다. 그는 죽음이 두려워졌다. 그리고 우정의 기쁨과 행복을 알았던 길가메시는 이제 우정 없이 친구 없이 살아가야 한다. 죽음이 불가피하다는 사실이 전에는 용맹스러운 행위와 빛나는 투쟁을 할 수 있게 했지만, 이번에는 자신도 결국에는 죽을 수밖에 없는 평범한 인간에 지나지 않는다는 생각으로 이끌었다.

앤키두의 죽음 이전의 여행은 육체적 힘을 사용하여 괴물을 물리치는 숲의 여행이었다면, 이제 영원한 생명을 구하기 위해 영혼의 세계를 여행한다. 그는 영생을 얻어 신들의 모임에 참여한 우투나피시팀을 찾아 나선다. 이 여행에서 길가메시는 자신의 영혼을 단련하고 자신을 구원하는 깨달음을 얻게 될 것이다. 이 여행은 단지 신체적 여행만이 아니라 죽음의 운명을 직시하고 자신을 수련하는 영혼의 여행이기도 하다. 그것은 영원한 생명에 대해 알기 위한 여행이자, 자신에 대해, 그리고 자신의 죽음과 생명에 대해 알기 위한 것이다. 친구가 죽은 후 길가메시는 죽음과 삶을 넘나드는 그 여행을 통해 죽음에 관한 인간과 신들의 비밀을 알게 된다. 그 방랑의 길에서 그의 영혼은 단련되었으며 인간의 길이 무엇인지 깨달음을 얻는다. 그는 신의 속성을 가지고 태어났으나, 신들의 정원에서 안락을 누리기보다는 우정을 알았던 인간으로 남기를 선택한 지극히 인간적인 존재였다. 길가메시의 위대함은 왕으로서의 권력과 성취에 있는 것이 아니라, 죽음과 영생의 의미를 찾는 모험과 성찰로 깨달음에 도달한 데 있다.

# 새롭게 깨달은 영생의 의미

## 영생의 열매

우여곡절 끝에 길가메시는 신들의 정원에 살면서 영생을 누리고 있는 우투나피시팀을 만난다. 길가메시가 그를 보고 말했다.

지금 당신 모습을 보니 저와 다를 게 없습니다. 색다른 것이라고는 없군요. 저는 당신이 마치 전투를 준비하는 영웅 같으리라고 생각했습니다. 그런데 당신은 편안하게 누워 있군요…. 어떻게 해서 당신은 영원한 생명을 얻게 되었습니까?

"어떻게 하면 내가 영원한 생명을 찾을 수 있겠습니까?"라는 길가메시의 물음에, 우투나피시팀은 영원한 생명을 얻을 수 있는 방법을 알려준다. 길가메시는 잠에 빠져버리고 영생을 얻는 데 성공하지 못하지만, 그의 아내의 간청으로 먹으면 젊어지는 영생의 식물을 얻는다.

길가메시여, 내가 한 가지 비밀을 알려주리라. 그것은 신들의 비밀이다. 바다 밑에 어떤 식물이 살고 있는데 장미처럼 가시가 있다. 그 가시가 그대의 손을 찌를 것이다. 만일 그대가 그것을 얻는 데 성공한다면 그대는 그 식물로 젊음을 잃은 사람에게 다시 젊음을 회복시켜줄 수 있을 것이다.

수문을 열고 깊은 해협으로 들어간 길가메시는 해저에서 자라고 있는 식물을 보았고, 가시가 그의 손을 찔렀으나 그것을 꺾었다. 그는 사공 우르샤나비에게 이렇게 말했다. "이리 와서 이것을 좀 보아라. 진기한 식물이다. 나는 이것을 강한 성 우룩에 가져갈 것이다. 거기서 이것을 늙은 사람에게 먹이겠다. 이 식물은 '늙은이가 다시 젊어진다'라는 이름으로 불릴 것이다. 그리고 나도 이것을 먹고 잃었던 젊음을 다시 찾을 것이다."
먹으면 젊어지는 가시 달린 식물을 손으로 움켜잡은 길가메시는

그 식물의 가시에 손이 찔린다. 영생의 열매를 손에 쥐었지만, 길가
메시는 우룩으로 가져가 늙은 사람에게 먹이기 위해 열매 먹기를
보류한다. 하지만 잠시 소홀한 틈을 타 순식간에 뱀에게 열매를 빼
앗기고 만다. 텍스트의 이야기는 길가메시가 영생을 얻는 것을 방
해하고 있는 느낌마저 들게 한다. 심지어 길가메시도 그것을 거든
다. 그는 그토록 고된 방랑을 다 견디어왔으면서도 잠을 이기지 못
해 영생의 비법을 전해 듣지 못하거나, 젊어지는 식물을 얻고서도
먹기를 계속 미루다가 결국 뱀에게 빼앗긴다. 텍스트는 마치 길가
메시가 구하려는 것은 이 열매를 먹는 것으로는 소용이 없다고 말
하는 듯하다.

　방랑 끝에 영생의 열매를 손에 쥐자, 길가메시는 '늙은이가 다
시 젊어지는 것'이라고 부르며 그것을 알아보지만, 고향의 노인들
에게 먹게 하겠다는 이유로 열매 먹기를 보류하고 연기한다. 먹기
를 계속 미루는 그의 행동에는 어떤 의미가 있을까? 그러한 행동은
뱀에게 빼앗기는 빌미를 준다. 하지만 만일 길가메시가 바로 그 열
매를 먹었다면 어떻게 되었을까? 그가 원하는 것을 얻었을까? 아
마 그렇지 않았을 것이다. 그는 영생의 열매를 먹고 젊음을 유지하
며 신들처럼 살아가는 우투나피시팀처럼 되기를 바란 것은 아니었
던 것 같다. 길가메시는 우투나피시팀을 만나고는 자신과 다를 바
없는 평범한 인물이라고 생각한다. 죽음과의 투쟁에서 이긴 전투

적 영웅의 모습을 기대했던 길가메시는 그가 편안하게 누워 있는 모습에 약간 실망한 듯 보인다. 우투나피시팀은 지나치게 초연하고 안락해 보인다. 그것은 길가메시가 그토록 구하려고 했던 영원한 삶의 모습이 아니었던 것이다. 더구나 그 열매를 먹더라도 앤키두의 죽음을 되돌릴 수도 없고 그 없이 예전처럼 살아갈 수도 없으며, 단지 노화를 지연시키는 끝없는 소생의 삶을 갈구한 것도 아니었기 때문이다.


## 영생보다 귀한 우정의 가치

신의 지위도 부럽지 않았던 앤키두와의 우정을 알았던 길가메시는, 친구의 죽음 이후 영원한 생명을 구하기 위해 갖은 모험을 다했다. 하지만 마지막에 이르러 죽음은 돌이킬 수 없는 것이며 피할 수 없는 인간의 운명이라는 것을 깨닫는다. 그러면 그는 왜 영생의 열매를 즉시 먹지 않았을까? 왜 영생의 식물을 먹고 인간을 초월하여 신이 되려고 하지 않았을까? 왜 우투나피시팀처럼 신의 반열에 오르려고 하지 않았을까? 인간의 사랑과 우정을 알았던 길가메시가 그런 은둔 생활을 선망하지 않는 것은 어쩌면 당연해 보인다. 그렇다면 영생의 열매를 먹기를 유보하고 연기한 것은 고향의 노인들에 대한 애정 때문만은 아니었으며, '영생을 먹는 것'으로는 그가 진정 원한 것을 얻을 수 없다는 것을 깊이 깨달았기 때문은 아니었을까!

앤키두와의 우정의 기쁨을 알던 때에 길가메시는 신들도 부럽지 않았으며 신의 유혹도 그에게는 하찮은 것일 뿐이었다(그는 여신 이시타르의 유혹을 거절하며 그녀를 능멸했다는 이유로 신의 노여움을 사게 되고, 그 결과 앤키두의 죽음을 몰고 왔다는 것을 상기하라!). 그러했기에 친구가 죽은 후, 죽음 너머 영원한 생명을 얻기 위해 부귀와 왕좌를 버리고 구도와 방랑의 길을 떠났으며, 또한 영생의 열매를 손에 쥐었으나 그것을 먹는 것으로 그가 진정 원하는 것을 얻지 못하리라는 것을 깨달았을 것이다. 그는 열매 먹기를 계속 지연하고 미루다가 뱀에게 빼앗기고 만다. 그리고 그가 빈손으로 돌아와 자신의 이야기를 돌에 새기고 죽음에 이르는 것으로 급히 이야기의 막이 내린다.

그는 신의 비밀을 알았고 인간의 기쁨과 한계도 알았다. 그럼에도 어떻게 하는 것이 가치 있는 것인지 깨달았으며, 후세에 우정의 힘으로 죽음에 의연히 맞선 한 인간의 이야기를 돌에 새겨 남기고자 했다. 이렇게 길가메시 이야기는 우리에게 영생보다 고귀한 우정의 가치가 있음을 전하고 있다.

## 영생의 새로운 물음

『길가메시 서사시』를 판독하고 해설한 N. K. 샌다스는 길가메시의 행동을 다음과 같이 해석한다.

왜 길가메시는 즉시 (영생의) 그 꽃을 먹고 젊음을 소생시키지 않았을까? 그것이 단지 자기 백성들에게 가져가 노인들에게 주어 그들이 다시 힘을 얻게 하려는 이타적인 사랑 때문이었을까? 그렇지는 않을 것이라고 본다. (…) 결국 왕인 길가메시도 다른 인간과 다를게 없다는 보편적 진리를 반복한 것은 아주 당연하다고 본다.

이 물음을 좀 더 진전시킬 필요가 있다. 영생의 열매를 놓고 길가메시가 취한 행동을 공동체와의 나눔으로 해석하는 것은 나름 의미가 있다고 할지라도, 그것만으로 모든 의미가 소진되지는 않는다. 그런 해석으로 끝내는 것은 석연치 않은 부분이 있다. 오히려 그것은 길가메시가 바랐던 방식의 구원이나 영생의 길이 아니기 때문이라고 보는 것이 더 적합해 보인다. 그렇다면 바람직한 영생의 길은 무엇인가? 또한 길가메시의 선택은 (비록 적극적으로 선택한 것은 아닐지라도 텍스트는 그 방향으로 우리를 인도한다) 무엇을 말해줄까? 이렇게 말할 수도 있지 않을까? 우투나피시팀처럼 삶에 초연해지고 신들의 정원에 은둔하는 것보다, 비록 죽을 운명을 피할 수 없더라도 불같이 타올랐던 앤키두와의 우정과 그리운 추억(쓰라리고 비통한 그의 죽음의 기억까지 포함하여)을 간직한 채 사는 것이 더 나을 수 있다고. 그런 자각으로 고향에 돌아와 자신의 이야기를 돌에 새기고 자신의 죽음을 편히 받아들일 수 있지 않았을까? 이 이야기를 후세에 전하고자, 자신의 우정의 추억을 길이 새기는 것을 바라지 않았을까?

이런 생각은, 죽음을 통과하지 않고 영생의 열매를 먹는 것은 영원한 생명을 얻기 위한 바람직한 길이 아니라는 것을 보여준다. 죽음이 피할 수 없는 인간의 운명이라면, 죽음을 통과하지 않는 영생은 가능하지 않고 바람직하지도 않다. 그렇다면 **죽음을 통과하는 참된 불멸의 길은 무엇인가?** 나는 이것이야말로 죽음을 사유하는 『길가메시 서사시』가 우리에게 던지는 중요한 물음이라고 생각한다(이 물음은 책의 마지막 장에서 다룰, 톨스토이의 『이반 일리치의 죽음』에서도 찾아볼 수 있다). 사람들은 영생의 열매나 불로초 등을 먹음으로써 영생을 꿈꾸지만, 『길가메시 서사시』는 그것을 벗어나 영생불멸의 길을 사유하는 새로운 물음을 담고 있다.

그런데 『길가메시 서사시』는 우리에게 이 물음을 제기하며 급히 막을 내린다. 이제 이 마지막 물음은 우리들의 물음이 되었다. 그것은 우리들이 답을 구해야 하는, 참된 불멸의 길을 찾는 물음이다.

텍스트는 적어도 영생의 열매를 먹는 것은 올바른 길이나 바람직한 방법이 아니라고 말한다. 불로초와 같이 영생의 약을 먹고 소화하는 것은 자기중심적이다. 먹기는 자기중심적 개념이다. 그런 의미에서 타인과 관계 맺지 못하는 자기중심적 영생 개념은 바람직하지 못하다. 영생의 열매에는 먹을 수 없는 가시가 달려 있다. 영생의 열매에는 젊음과 생명을 주는 동시에 가시에 찔려 죽을 수 있다는 역설이 숨어 있다. 그렇다면 영생의 열매는 먹기 위해 있는 것이 아닐지 모른다. 섣불리 잘못 먹는다면 가시에 찔려 죽을 수 있다. 이는 이기적 욕망과 자기중심을 넘어서는 영생의 개념을 요청한다. 나아가 영생은 가시에 찔려 죽는 죽음과 불가분의 관계라는 것을 말하고 있다. 삶과 죽음이 분리될 수 없듯이, 어쩌면 영생은 죽음과 분리될 수 없고 죽음을 통과하지 않는 영생은 불가하다고 말하는 듯하다. 그렇다면 영생의 열매를 빼앗기거나 그것을 먹기를 연기하는 것이 더 잘된 일인지 모른다.

또한 텍스트는 우정과 사랑이 없는 영생은 공허하다고 말함으로써 오히려 우정과 사랑이 불멸의 열쇠가 될지도 모른다는 것을 암시한다. 길가메시는 앤키두와의 우정에서 비롯된 삶과 죽음과 영생의 물음을 안고 방황과 모험의 길을 떠났고, 신들과 인간에 관한 깨달음을 얻고 영혼을 단련시키며 인생의 진리를 깨닫는다. 우리는 우정이 그에게 어떤 시련과 모험과 인간적인 삶의 긍지를 주었는지 기억해야 한다. 그리고 우정이 그에게 가르쳐준 의미를 깨달아야 한다. 그런 우정이 없으면 우리는 삶에서 아무것도 깨닫지 못한 채 기만과 무지 속에서 죽을 수도 있기 때문이다.

　마지막으로 각자 스스로에게 묻게 되는 물음이 있다. 우리가 사는 동안 길가메시의 경우처럼, 모든 가치가 전환되는 순간이 올 때 우리는 용기를 낼 수 있을까? 길가메시처럼 새로운 진리를 살기 위해 모든 것을 포기하는 모험을 감행할 수 있을까? 그런 용기를 낼 수 있는 우정이 있다면 얼마나 좋을까! 혹은 우리는 그런 친구를 만나기 위해 살아야 하지 않을까? 『길가메시 서사시』는 우리 인생의 어떤 순간에 이런 모험을 하지 않는다면 결코 알 수도 얻을 수도 없는 진리가 숨겨져 있다고 말하는 듯하다. 그러므로 안락한 것만이 인생의 목표가 되어서는 안 되며, 삶의 중요한 기로에서 만나는 물음에 자신의 삶을 걸고 응답하는 결단을 내릴 수 있어야 한다. 길가메시가 그랬던 것처럼!

　　고귀한 우정을 맺기 위해서는 행운과 노력 두 가지 모두 필요합니다. 행운의 친구를 만났을 때 우리는 참된 우정을 가꾸기 위해 어떤 노력을 할수 있을까요? 길가메시와 앤키두의 우정이 하나의 모델을 제시한다면, 각자 생각하는 우정의 모델은 어떤 것인지 생각해봅시다.

2장
/
죽음은 삶의 빛을 모아준다

에피쿠로스

● 　　　사람은 누구나 언젠가는 죽게 마련입니다. 죽음을 자연스럽게 받아들이는 사람도 있지만, 죽음의 공포 때문에 악몽을 꾸거나 심지어 신경증에 걸려 치료가 필요한 사람도 있습니다. 하지만 우리가 무엇 때문에 죽음을 두려워하는지는 분명하지 않습니다. 고대 그리스의 철학자 에피쿠로스는 죽음을 두려워하는 것은 아무 근거가 없다는 것을 보여줌으로써 죽음의 공포를 치료했던 철학자였습니다. 그는 사람들이 죽음을 제대로 이해하고 두려움 없이 즐거운 삶을 살기를 기대했습니다. 에피쿠로스와의 만남을 통해 어떻게 죽음의 두려움으로부터 자유로울 수 있는지, 또 죽음과 탄생 사이에서 우리에게 주어진 삶의 순간들이 얼마나 찬란한 것인지 살펴볼까요?

# 죽음은 아무것도 아니다

## 죽음의 두려움을 치유하는 철학

에피쿠로스(Epicuros, 기원전 341~270. 에피쿠로스학파를 창시한 고대 그리스의 철학자로서, 고통을 없애는 것과 마음의 평정을 추구했던 쾌락주의자)는 고대의 어떤 철학자보다 죽음의 두려움을 치유하는 데 관심을 가졌던 사람이다. 쾌락주의자로 불리지만, 그는 적극적으로 쾌락을 추구했다기보다는 고통 없는 삶을 추구했다. 그의 철학은 마음의 평정을 목적으로 했으며, 특히 고통과 두려운 감정을 없애는 것을 중요한 목표로 삼았다.* 그리고 그가 추구하는 쾌락의 의미는 육체적인 쾌락이 아니라, 명료하고 올바르게 생각함으로써 정신적 혼란에서 벗어나는 것이었다. 그는 쾌락의 의미를 다음과 같이 규정한다.

우리가 쾌락이 목적이라고 할 때, 이 말은 (…) 방탕한 자들의 쾌락이나 육체적 쾌락을 의미하는 것이 아니다. 내가 말하는 쾌락은 몸의 고통이나 마음의 혼란으로부터 벗어나는 자유다. (…) 이를 위해 공허한 추측들을 몰아내고, 멀쩡한 정신으로 사려 깊게 생각하는 것이 필요하다.

여기에서 에피쿠로스가 마음의 혼란에서 생기는 공허한 추측으로 지적한 것은 대표적으로 신과 죽음에 대한 사람들의 잘못된 추측과 생각이었다. 그는 혼란스러운 생각이 두려움을 불러일으키고, 고통을 주며, 우리의 삶을 억압한다고 보았다. 그렇다면 우리가 두려움의 감정에서 해방되기 위해서는 사려 깊게 생각하고 명료한 사고를 통해 혼란을 걷어내는 것이 필요하다. 실제로 그는 죽음의 두려움이라는 문제를 해결하기 위해 적극적으로 철학을 사용했다. 어떤 의미에서 에피쿠로스의 철학은 죽음의 두려움을 치유하기 위한 것이기도 하다.

--------------
* 여기에서 인용하는 에피쿠로스의 사상은 『쾌락』(오유석 옮김, 문학과지성사, 1998)에 근거한 것임을 밝힌다.

죽음에 관해 에피쿠로스가 말하고자 했던 중요한 생각은 다음 세 가지다.

첫째, 죽음은 아무것도 아니기에 두렵지 않다.
둘째, 육체가 죽으면 영혼도 죽는다. 그러니 사후 세계를 두려워 말라.
셋째, 죽음은 허무하지 않다.

첫 번째 주장에 대한 에피쿠로스의 생각부터 살펴보자. 에피쿠로스는 우리에게 공포를 불러일으키는 두 가지 근원으로 종교와 죽음을 들었다. 죽음만이 아니라 종교적 세계관 역시 두려움의 원천이라고 보았다. 현대인은 대부분 종교에서 위안을 얻으려고 하기에(물론 그 위안의 근거가 그리 분명한 것은 아니지만, 영혼 불멸이나 영생의 약속 및 사후 세계의 행복에서 위안을 얻으려는 경향이 있다), 종교가 공포의 대상이라는 에피쿠로스의 주장이 잘 이해되지 않을 수 있다. 적어도 현대인과는 달리, 에피쿠로스나 그 시대 사람들에게는 신과 같은 초자연적 존재가 자연의 과정이나 인간사에 간섭하는 것이 공포의 근원이 되었던 것 같다.

또한 영혼 불멸 사상은 영생의 가능성에 대한 희망으로 죽음 앞에서 위로가 되기보다는, 죽으면 비로소 고통에서 벗어나리라는 희망에 장애가 되는 것처럼 보였다. 그리하여 에피쿠로스는 죽음의 두려움을 치유하기 위해 그와 연관된 종교의 문제를 동시에 해결하는 것이 필요하다고 보았다. 그 결과 죽음의 두려움을 불러오는 종교적 세계관을 반박할 수 있는 영혼론과 우주론이 필요했고, 에피쿠로스는 바로 그러한 철학을 개진하고자 했다.

## 우리는 죽음을 경험할 수 없다

에피쿠로스는 죽음의 공포에 사로잡힌 사람들을 치유하기 위해, 죽음은 우리에게 아무것도 아니라는 것, 죽음은 악이 아니고 나쁠 것이 전혀 없다는 것, 나아가 죽음이야말로 좋은 것이며 죽음의 공포는 전혀 문제될 것이 없다는 점을 보이고자 한다. 요지는 우리는 죽음과 동시에 완전히 소멸하며 그것이야말로 좋은 것이라는 점을 설득하는 것이다. 그는 죽음이 우리에게 아무것도 아니라는 것을 알게 되면 영생에 대한 헛된 갈망이나 믿음도 사라질 것이라고 주장한다.

에피쿠로스는 인간이 죽음과 동시에 더 이상 존재하지 않는다는 사실이 역설적으로 우리를 죽음의 공포에서 벗어나게 해준다고 보았다. 존재의 소멸이 두려움과 허무(혹은 무의미)의 근본 원인이라는 일반인의 생각과는 반대로, 그는 오히려 죽음 이후 나의 소멸이, 즉 우리가 더 이상 아무 데도 존재하지 않게 된다는 사실이 나를 죽음의 공포에서 벗어나게 해준다고 주장한다. 왜냐하면 내가 죽었을 때 내가 더 이상 존재하지 않는다면 죽음을 경험할 수도 없고 죽음에 대해 공포를 느낄 수도 없기 때문이다.

우리는 결코 죽음을 경험할 수 없다. 내가 있는 곳에 죽음은 없고, 죽음이 있는 곳에 내가 없다.

우리가 가장 두려워하는 악인 죽음은 우리에게 아무것도 아니다. 왜냐하면 우리가 존재하는 한 죽음은 우리와 함께 있지 않으며, 죽음이 우리에게 왔을 때 우리는 존재하지 않기 때문이다. 그렇다면 죽음은 산 사람이나 죽은 사람이나 모두에게 아무런 상관이 없다. 왜냐하면 산 사람에게는 아직 죽음이 오지 않았고, 죽은 사람은 이미 존재하지 않기 때문이다.

우리는 결코 죽음을 경험할 수 없다는 에피쿠로스의 주장은 간단하면서도 명료한 논증의 구조를 갖고 있다. 실제로 그의 사상은 대단히 명징한 논리로 무장되어 있으며, 그 당시 사람들의 죽음의 공포를 치유하는 힘을 갖고 있었다. 실제로 죽음의 공포로 악몽에 시달리거나 죽음을 두려워하는 내담자를 상담할 때, 죽음은 아무것도 아니며 두려움의 대상이 될 수 없다는 그의 가르침이 효과를 발휘하는 것을 경험할 수 있다.

죽음에 관한 그의 사상은 두 부분으로 구성된다. 첫째는 우리가 죽음을 경험할 가능성을 배제하는 논리적 부분으로, 둘째는 그것을 지지하는 사상적 부분으로 되어 있다(후자는 다음 절에서 다룰 그의 영혼론, 인식론, 우주론 등의 철학 이론에 근거하여 체계적으로 제시되고 있다).

첫째, 나는 존재하거나 존재하지 않거나 둘 중 하나다. 존재한다면 죽지 않은 것이고 죽음은 오지 않은 것이다. 존재하지 않는다면 이미 죽음이 내게 온 것이다. 그리하여 어느 경우든 나는 더 이상 죽음을 만날 수도 없고 경험할 수도 없다.

둘째, 왜 우리는 죽음의 공포를 느낄 수 없는가? 즉, 왜 우리는 죽음을 경험할 수도 없고 느낄 수도 없는가? 우리가 죽는다면 우리의 영혼은 흩어져 분해되며 감각 능력을 잃어버린다. 그리하여 죽은 후에는 아무런 경험도 할 수 없다. 즉, 공포는 물론이고 아무것도 느낄 수가 없다. 사후 세계도 없고 사후 경험도 없다. 죽음의 공포라는 것은 가능하지도 않고 아무런 의미도 없다. 그것에 사로잡히는 것은 난센스다.

그는 사람들이 죽음을 두려워하는 이유가 죽은 후의 (혹은 사후 세계의) 경험에 대한 염려와 공포 때문이라고 보았다. 그런데 첫째의 논리적 관점에서 보듯이, 우리가 존재하거나 존재하지 않거나 어떤 경우에도 죽음을 경험할 가능성이 없다면 죽음은 우리에게 아무것도 아니며 두려움의 대상이 될 수도 없다. 죽은 후를 경험할 사후 세계가 없다면 죽음의 두려움이나 공포를 느낄 이유도 없다. 이처럼 죽음은 삶의 종국이며 고통이나 공포와 같은 모든 감각을 종식시킨다는 것으로부터, 죽음의 두려움이 사라지고 위안을 얻을 수 있다.

## 죽음은 두렵지 않다

에피쿠로스에 따르면, 죽음은 우리에게 아무것도 아니며 완전한 무(無)다. 그러니 두려움이든 열망이든 어떤 감정의 대상이 될 수도 없다. 죽음은 결코 경험의 대상이 아니라는 것이다. "죽음은 우리에게 무엇인가?"라는 물음 앞에 "아무것도 아니다!"라는 에피쿠로스의 답변에 설득이 되는가? 죽음을 경험할 수 없다는 말이 참인가? 어떤 의미에서 그러한가? 죽음이 일회적 사건이라면 에피쿠로스의 논리가 그만큼 더 설득력을 가질 수 있을지 모른다.

하지만 오늘날 죽음은 일회적 사건이라기보다는 여러 단계에 걸처 이루어지는 과정이 되었다. 의료 기술을 사용하여 죽어가는 사람을 살릴 수도 있고 심지어 (심폐소생술 등을 통해) 죽음을 돌이킬 수도 있다. 때때로 우리는 죽음과 삶의 기로에서 인공호흡기를 사용할 것인지 말 것인지 선택해야 하며, (연명 치료를 받을 것인지 말 것인지) 어떻게 죽을 것인지 죽음의 방식을 선택해야 하는 시대에 살고 있다. 어떤 의미에서는 죽음의 과정과 죽음의 방식을 경험할 수도 있다. 그렇다면 우리가 존재하는 동안에도 죽음이 우리 곁에 있다는 것을 부정하기 어렵다. 이와 같이 죽음은 어떤 의미에서는 삶의 과정 가운데 진행되는 것이고 때로는 삶 안에서도 죽음의 진행을 경험할 수 있다면 그의 논리는 설득력이 떨어진다.

그럼에도 에피쿠로스의 사상은 죽음의 공포를 극복하는 역할을 어느 정도 담당하고 있다는 것을 인정해야 할 것 같다. 실제로 죽음의 공포에 시달리는 어떤 내담자들은 에피쿠로스의 죽음의 철학으로부터 치유 효과를 경험하기 때문이다. 그들은 결코 죽음을 경험할 수 없다는 에피쿠로스의 논증을 이용한 대화만으로도 죽음의 공포가 어느 정도는 해소되었다고 말하기도 한다.

앞에서 제시했던 죽음을 만날 수 없다는 사고의 논리는 죽음을 겪는 고통에 대한 공포나 미지의 죽음이 어떨지에 대한 두려움을 해소하거나 감소시켜준다. 죽음을 경험할 가능성이 없다는 것이 누군가에게는 중요한 사실이고, 그것만으로도 그가 가졌던 공포는 해소될 수 있다. 에피쿠로스의 사고는 비록 죽어가는 과정에 대한 염려나 죽음에 대한 생각으로부터 오는 상실감을 해소하지는 못하지만, 일면적으로나마 죽음의 공포를 감소시키는 역할을 할 수 있다. 역시 에피쿠로스는 철학자이기 이전에 죽음의 치료사라는 명칭을 부여받을 만하다.

'죽음은 우리에게 아무것도 아니다'라는 사실을 제대로 이해하게 되면, 죽을 운명의 삶에 대해서도 담담하게 받아들일 수 있다. 죽음이 아무것도 아니라면, 이제 초점은 삶으로 이동하게 된다. 불멸에 대한 헛된 갈망 대신에 현실의 삶에 집중하도록 해준다. 죽음을 두려워하기보다는 현재의 삶에 집중하고 현재의 시간에 감사하며 삶을 누리는 것이 중요해진다. 또한 '죽음은 두려운 일이 아니다'라는 사실을 진정으로 깨달은 사람은 죽음의 두려움으로부터 자유롭게 살 수 있다. 이것이 에피쿠로스의 가르침이다.

# 육체가 죽으면 영혼도 죽는다

## 영혼들의 사후 세계는 없다

에피쿠로스는 '죽음은 아무것도 아니다'라는 주장을 지지하기 위해, 죽음 이후의 세계나 사후 경험을 부정하는 자연학과 진리론, 영혼론, 신론을 정립한다. 다시 말해, 우리에게 죽음이 두렵지 않음은 물론이고 아무 위력도 갖지 않는다는 것을 보이기 위해 체계적인 사상을 제시한다. 그 핵심 요소는 당시에 만연해 있던 영혼 불멸론을 부정하는 것이다. 에피쿠로스에 따르면, 진리의 기준은 감각인데, 인간이 죽게 되면 영혼은 흩어져 없어지고 영혼이 흩어진 다음남게 되는 영혼의 원자들은 더 이상 육체와 연결되지 않기 때문에 감각 능력을 갖지 못한다. 그리하여 우리는 죽음을 경험하지 못하며 죽음은 우리에게 아무것도 아니라는 결론이 도출된다. 왜냐하면 좋고 나쁨은 모두 감각에 있는데, 죽으면 감각을 잃게 되기 때문이다.

이와 같이 죽음이 우리에게 아무것도 아니라는 생각을 뒷받침하는 것은, 우리가 죽으면 영혼도 죽으며 영혼은 불멸하지 않는다는 것에 있다. 육체가 죽는 동시에 영혼도 죽고 감각 능력 또한 사라지므로 우리는 결코 죽음 이후의 세계를 경험할 수가 없다. 그렇기 때문에 죽음이 왔다면 우리는 더 이상 존재하지 않고, 좋은 것도 나쁜 것도 경험할 수 없다. 물론 죽음의 공포도 경험할 수 없다.


진리의 기준은 감각이다. 모든 생각은 그 기원을 감각에 둔다. 우리는 지각 불가능한 것들도 감각된 것으로부터 추론함이 틀림없다. (…) 지성도 감각을 논박할 수 없다. 왜냐하면 지성은 감각에 의존하기 때문이다.

영혼은 미세한 입자들로 구성된 물체로서 몸 전체에 고루 퍼져 있다. 영혼이 몸 안에 있는 한 몸은 결코 감각을 잃지 않는다. 만약 죽어서 몸 전체가 분해된다면, 영혼도 여기저기로 흩어져서 더 이상 이전과 같은 능력을 가지지 못하고 감각을 잃게 된다.

영혼은 다른 것과 영향을 주고받는다. 따라서 영혼은 비물질적인 것일 수 없다. 만일 영혼이 비물질적이라면, 다른 것에 영향을 주지도 받지도 못할 것이다. 영혼은 비물질적인 독립적 존재가 아니다.

여기에서 에피쿠로스는 영혼에 관해 세 가지 속성을 주장한다. 에피쿠로스의 주장에 따르면, 영혼은 원자들로 이루어지고, 다른 것들과 인과 작용을 하는 물질이며, 영혼도 죽는다. 죽으면 영혼은 흩어져 없어지고 영혼이 흩어진 후 남는 영혼의 원자들은 육체와 더 이상 연결되지 않기 때문에 감각 능력을 갖지 못한다. 따라서 죽음은 우리에게 아무것도 아니라는 결론이 도출된다. 왜냐하면 분해된 육체는 감각하지 못하고, 감각하지 못하는 육체는 우리에게 아무것도 아니기 때문이다.

죽으면 영혼이 살아남는 것이 아니라 영혼도 흩어져 사라지고 모든 감각 능력을 상실한다. 당연히 사유 능력도 사라진다. 죽고 나면 더 이상 아무것도 경험할 수 없다. 물론 죽은 후에 경험할 수 있는 사후 세계도 가능하지 않다. 이처럼 죽음은 완전한 소멸이다. 고통 받는 사람들에게, '죽음이 완전한 소멸이라는 것'은 고통의 종식을 의미한다. 에피쿠로스의 주장처럼 죽음을, 그리고 죽음 이후를 경험할 수 없다는 것은 죽음의 두려움으로부터 우리를 해방시켜준다.

## 두려움으로부터의 해방

죽음의 두려움으로부터의 해방은 서로 연관되어 있는 두 가지 측면에서 이루어진다. 첫째, 우리가 죽으면 영혼은 흩어져 사라진다. 영혼이 불멸하는 것이 아니라 죽음과 더불어 완전히 해체되어 사라진다면, 죽음이 두렵지 않다. 죽음과 더불어 해체된 영혼은 결코 죽음을 경험할 수 없기 때문이다. 둘째, 영혼은 죽으면 감각이 사라진다. 감각이 모든 인식과 진리의 원천이며 기준이므로, 감각이 사라지고 나면 의식과 인식도 사라진다. 그러므로 죽은 후에는 아무것도 의식하거나 경험할 수 없다. 쾌락은 물론 고통도 경험할 수 없다.

에피쿠로스는 영혼의 사멸성을 통해 우리가 죽음을 경험할 수 없다는 것으로부터 죽음의 두려움에서 해방시키는 동시에, 신에 대한 올바른 이해를 통해 종교의 두려움으로부터 우리를 해방시키고자 했다. 그는 신의 존재와 그 역할에 대한 잘못된 믿음(예를 들어, 신이 분노나 호의를 가지고 인간사에 개입한다는 믿음) 때문에 두려움이 생겨난다고 보았다. 즉, 사람들의 마음속에 큰 괴로움이 생겨나는 이유는 사람들이 "절대적이고 불멸하는 신이 존재하며, 신은 의지와 행위 및 동기(분노와 호의)를 가지고 인간에게 영향을 미친다"고 믿기 때문이며, 그래서 신의 개입과 분노를 두려워한다는 것이다. 하지만 에피쿠로스에 따르면 신은 그 본성상 인간사에 개입하지 않으며 관심도 없다. 그러므로 신 때문에 두려워하지도 말고 신의 호의를 기대하지도 말아야 한다.

에피쿠로스는 신들이 존재한다고 믿었지만, 신들은 인간 세상의 현상에 어떤 관심이나 감정(분노와 연민 등의 감정)도 갖지 않는다고 확신했다. 그러므로 신들의 분노를 사지 않을까 두려워하거나 죽은 다음에 저승에 가서 고통을 당하지 않을까 두려워할 이유도 없다. 이런 가르침은 종교에 대한 두려움을 가진 사람이나 비참한 고통을 경험하거나 삶이 끝없는 고통이라고 생각하는 이들에게 위로와 치유의 효과를 가져다주었다.

에피쿠로스는 비록 무신론자는 아니었지만, 신은 인간사에 개입하지 않으며 인간은 자신의 사려 깊음과 덕의 탁월함에 의해 두려움 없는 좋은 삶을 살 수 있다고 보았다. 즉, 사려 깊은 지혜로운 사람은 잘못된 생각과 추측으로 두려움에 사로잡힘 없이, 특히 신이나 종교와 죽음에서 오는 두려움 없이 올바르게 생각함으로써, 아름답고 올바르고 즐겁게 살 수 있다고 보았다.

# 죽음은 허무하지 않다

## 즐거운 삶과 쾌락의 의미

죽음은 우리에게 아무것도 아니라는 에피쿠로스의 논증이 죽음의 두려움을 해소시킨다고 할지라도, 다른 한편 그것이 함축하는 나의 존재의 완전한 소멸에 관해 허무함의 문제가 제기될 수 있다. 죽고 나면 나는 더 이상 존재하지 않기에 죽음의 두려움을 경험할 수 없다는 점에서 '존재의 완전한 소멸'은 두려움의 문제를 해소시킨다. 하지만 죽음이 곧 나의 존재의 소멸이라는 것으로부터 삶의 공허와 허무를 느낄 수 있다.

어빈 얄롬은 이 문제와 관련하여 탄생 이전과 죽음 이후의 세계는 똑같다는 상호대칭성의 사유를 제시한다.* 이런 사유는 허무의 문제를 해결하는 데 어느 정도 도움이 될 수 있다. 얄롬은 러시아 소설가 블라디미르 나보코프의 자서전에서 "우리의 존재란 두 개의 영원한 암흑 사이에 비치는 짧은 섬광과 같은 것일 뿐"이라는 말을 인용하며, 태어나기 전과 죽은 후의 상태가 아무것도 없는 두 개의 암흑 상태로 똑같다는 생각을 제시한다. 그리고 사람들은 태어나기 전의 암흑보다 죽은 후의 암흑에 대해서 깊이 두려워하는 반면 태어나기 전의 암흑에 대해서는 별로 염려하지 않는다는 것을 언급한다. 이는 죽음을 두려워하거나 염려하는 보통 사람들의 태도이기도 하다.

이것에 대해 에피쿠로스라면 어떻게 생각할 것인가? 아마도 에피쿠로스는 '죽음의 두려움'만큼이나 '죽음의 허무함'에 사로잡히는 것도 잘못된 생각이나 착각에서 비롯된 것이라고 볼 것이다. 죽음 이후도 탄생 이전과 마찬가지로 똑같이 어둠이고 암흑이고 우리에게 아무것도 아닌 무(無)라면, 똑같이 염려할 바가 아니다. 어느 쪽도 우리는 경험할 수 없기 때문이다. 나에게 태어나지 않은 세계는 죽음 이후의 세계와 같을 것이고, 태어나기 이전의 시간은 죽음 이후의 시간과 다를 바 없을 것이다. 따라서 (만일 죽음이 허무하다

--------------
* 어빈 얄롬, 『보다 냉정하게, 보다 용기있게』, 이혜성 옮김, 시그마프레스, 2008, 99~100쪽.

면 탄생 이전도 허무하다고 말해야겠지만) 실제로 태어나기 전이 허무하지 않듯이, 죽는 것도 허무하지 않다고 말해야 한다.

탄생 이전과 죽음 이후가 우리에게 아무것도 아닌 무라면, 우리에게 유일하게 주어진 삶에 집중해야 한다. 즉, 탄생 이전과 죽음 이후가 똑같은 어둠이라면, 탄생과 죽음 사이에 주어진 우리의 삶은 두 개의 어둠 사이에서 솟아오른 빛의 시간이다. 두 어둠을 갈라놓는 빛이다. 이런 시각은 죽음이 허무하다는 것이 아니라, 오히려 삶의 빛이 얼마나 찬란한지 보게 해준다. 두 어둠 사이에 태어난 삶은 축복이고 선물이니 이 찬란한 삶에 감사하고 기쁘게 살아야 한다. 그러니 사는 동안 빛의 삶을 누려라! 어둠을 바라볼 것인지, 빛을 바라볼 것인지, 둘 다를 사유할 것인지, 그것은 우리의 선택에 달려 있다. 당장 죽어도 좋을 만큼 최선을 다해 충분히 살고 자유롭게 죽어라! 어둠의 두려움에 사로잡히지 말고 두 어둠 사이에 솟아오른 찬란한 빛의 삶을 즐겨라! 이것이 에피쿠로스가 말하는 즐거운 삶과 쾌락의 의미다.

## 고통 받는 사람들을 위한 철학

이상에서 살펴보았듯이, 에피쿠로스의 철학이 보여준바, 죽은 후의 완전한 소멸은 사후 세계의 부재 혹은 적어도 고통스러운 삶이 완전히 종식될 것에 대한 희망과 구원으로 받아들여졌다. 죽음 이후의 완전한 소멸을 정신의 고뇌와 고통에서 벗어날 수 있는 영원한 휴식으로 간주하는 사람들에게 에피쿠로스의 철학은 구원으로 받아들여졌다. 그런 점에서, 에피쿠로스의 철학은 고통 받는 사람을 위한 철학이었다. 그의 철학은 죽음이 삶의 종식이고 죽으면 모든 것이 끝난다는 것이 좋다는 사람에게 적합한 철학이었다. 또한 언젠가 죽어서 내 몸과 영혼이 완전히 소멸하더라도 이 세상에서 현재의 삶을 최선을 다해 누리고 충만하게 살겠다는 교양 있는 사람을 위한 철학이기도 했다. 어느 쪽이 되었든, 영혼 불멸의 사후 세계가 아니더라도, 죽음이 좋을 수 있고 그렇게 소멸하는 삶을 기꺼이 좋은 삶, 탁월한 삶으로 살아내려는 사려 깊은 사람들이 공유할 수 있는 철학이기도 하다.

그러면 에피쿠로스의 철학이 오늘날 우리에게 주는 죽음의 메시지는 무엇일까? 사실 우리는 근거 없는 추측과 망상으로 자신을 고통과 불행에 빠트리곤 한다. 즐겁게 살기 위해서는 자신의 생각을 검토하고 올바르게 사고하고 사려 깊게 사는 것이 중요하다. 그러니 "근거 없는 추측으로 고통과 두려움에 사로잡히지 말고 지혜롭고 사려 깊게 살아라". 다른 모든 덕이나 탁월함도 사려 깊음에서 생겨난다. 죽음의 두려움과 혼란에 빠져 삶을 낭비하지 말고, 지혜롭게 생각하고 즐거운 삶을 누려라. 에피쿠로스의 쾌락주의는 생각 없이 방탕한 쾌락의 추구가 아니라, 잘못된 생각으로 두려움을 일으키는 미망에 빠지지 말고 지혜롭고 사려 깊게 산다면 즐겁게 살 수 있다는 것을 가르친다. 그의 가르침은 오늘날 우리에게도 중요한 메시지를 전한다. 즐겁게 살기 위해서는 명료하게 생각하고 사려 깊게 사는 것이 최선의 길이라는 것이다. 동시에 고통이나 두려움의 부정적인 감정에 휘둘리지 않기 위해서는 감정의 근거들을 올바르게 검토하는 사고의 훈련이 필요하다는 것을 가르쳐준다.

# 제자 루크레티우스, 당장 죽어도 좋다

## 당장 죽어도 좋은가?

루크레티우스(Lucretius, 기원전 99~55. 고대 로마의 과학자이자 철학자)는 에피쿠로스의 제자이자 시인이었다. 버트런드 러셀에 따르면, 루크레티우스의 시는 운문으로 쓴 에피쿠로스의 철학이라고 할 수 있다. 에피쿠로스의 철학은 주로 루크레티우스의 시를 통해 르네상스 시대 이후 독자들에게 알려졌다.

　루크레티우스는 스승 에피쿠로스의 생각을 전수받아 죽음이 결코 악이 아니라는 것을 두 가지 측면에서 증명하고자 했다. 첫째, 나의 존재와 죽음의 존재는 공존할 수 없다. 따라서 우리는 결코 죽음을 경험할 수 없으므로 죽음의 공포는 문제되지 않는다. 즉, 죽음에 대한 공포는 우리가 죽음과 죽음 이후를 경험할 수 있으리라는 사고의 혼란에서 유래하는데, 죽음은 존재의 소멸을 뜻하므로 (죽음이 있는 곳에 내가 없으므로) 그런 공포를 경험할 수 없다. 이는 "죽음은 두려움의 대상도 아무것도 아니다"라는 스승 에피쿠로스의 논리를 그대로 이어받고 있다.

둘째, 일찍 죽으나 늦게 죽거나 죽은 후에는 매한가지이므로 언제 죽어도 마찬가지다. 따라서 너무 일찍 죽는다고 나쁠 것이 없으며, 때 이른 죽음을 슬퍼할 이유도 없다. 수천만 년 후의 시점에서 보면 어려서 죽었든 늙어 죽었든 죽어 있기는 마찬가지이며, 일찍 죽으나 늦게 죽으나 별다른 차이가 없다. 이 두 가지 논증에 따르면 죽음은 아무것도 아니며 문제될 것도 없다. 죽음은 악도 아니고 나쁜 것도 아니며, 피하려고 애쓸 일도 아니다. 이런 생각은 영생을 추구하려는 시도와 극단적으로 대조된다.

하지만 앞에서 이야기한 논증은 일면적으로는 옳지만, 죽음에 관해 두 가지 중요한 문제를 간과하고 있다. 첫째, 우리가 죽음에 대해 불안한 마음을 갖는 것은 단지 저승사자를 만나듯이 죽음이나 그것이 초래하는 공포를 경험하게 될까 봐 그런 것이 아니다. 그런 경험을 두려워하는 사람에게는 이 논증이 위로가 되겠지만, 모든 사람에게 위안이 되지는 않아 보인다. 예를 들어, 우리의 삶 전체를 놓고 볼 때, 죽음으로 인해 실현되지 못한 중요한 무언가가 남아 있다면 여전히 그 죽음은 아쉬운 것이고 불행이 되는 것이다. 내가 지금 당장 죽어서는 안 될 중요한 이유가 있다면, 그리고 내 삶에서 아직 다 이루지 못한 무언가가 남아 있다면, 즉 내가 살아야 할 이유가 남아 있다면 죽음은 여전히 피해야 할 것이 된다.

둘째, 그 논증은 '죽음의 시기'가 중요하다는 것을 간과하고 있다. 비록 영생을 시도하는 것이 잘못된 것이라 할지라도, 아무 때나 죽는 것 혹은 너무 빨리 죽는 것이 좋은 일이라고 할 수는 없다. 즉, 영원히 사는 것이나 불로초와 같은 영생의 약을 먹으며 끝없이 죽음을 지연시키는 것이 좋지 않다는 것으로부터 지금 당장 죽어도 나쁠 것이 없으며, 빨리 죽으나 늦게 죽으나 마찬가지라는 것이 귀결되지는 않는다. 버나드 윌리엄스의 '정언적 욕구' 개념은 이 논증의 허점을 잘 드러낸다.

윌리엄스는 정언적 욕구라는 개념을 통해 영생과 이른 죽음 사이에서 일종의 중도를 제시한다. 정언적 욕구란 살기 위해서 (혹은 다른 목적을 위해서) 필요한 수단적 욕구가 아니라, 살아갈 이유가 되는 욕구 (혹은 그 자체 삶의 목적이나 이유가 되는) 욕구다. 그런데 영원히 사는 것이 좋다는 생각이나 빨리 죽더라도 (심지어 당장 죽더라도) 문제될 것이 없다는 사고의 두 극단은 우리가 살아야 할 이유가 되는 정언적 욕구를 갖고 있으며 그런 동안에는 죽음을 피해야 할 이유가 있다는 사실을 간과하는 것이다. 즉, 정언적 욕구는 삶에 대한 욕구를 부여하기 때문에, 우리에게 그러한 욕구가 있는 한 죽지 않아야 할 이유가 있는 것이다. 또한 정언적 욕구가 남아 있는 한, 너무 일찍 죽지 않아야 할 이유가 있는 것이다. 그렇다면 나의 정언적 욕구가 남아 있고 그것이 절실할수록 죽음이 악이 아니라는 에피쿠로스의 명제는 설득력이 없다. 즉, 때 이른 죽음은 나쁜 것이다. 나에게 아직 죽음을 받아들이기 어려운, 죽지 않아야 할 이유가 있는 한 죽음은 너무 이른 것이다.*

결국 죽음의 문제는 한 개인의 정언적 욕구의 실현과 맞물려 있다. 최선을 다해 남김없이 삶으로써 그것을 실현하거나 성취할 수 있었다면 당장 죽더라도 후회나 여한이 없을 것이다. 하지만 이 생에서 그것을 아직 실현하지 못했다면 죽음을 아쉬워하거나 피해야 할 이유가 있다.


## 너무 늦지도 이르지도 않은 적절한 때의 죽음

나의 존재와 죽음이 공존할 수 없으며 우리는 결코 죽음을 경험할

--------------
* 버나드 윌리엄스, 『자아의 문제들(*Problems of the Self*)』, Cambridge: Cambridge University Press, 1973, 82~100쪽.

수 없다는 것이 죽음에 대한 우리의 생각이 무의미하다는 것을 함축하지는 않는다. 즉, 에피쿠로스의 논증은 죽음이 나의 존재를 소멸시킨다는 점에서 옳다고 하더라도, 그것은 부분적으로만 옳다. 죽음은 나의 존재를 무화(無化)시키지만, 죽기 전의 죽음에 대한 나의 태도와 생각은 우리 삶에 영향을 미치기 때문이다. 죽음에 대한 실존치료사인 얄롬은 "죽음은 우리를 파괴하지만 죽음에 대한 생각은 우리를 구원할 수도 있다"고 천명한다. 즉, 인간을 변화시키는 것은 죽음 자체가 아니라 죽음에 대한 사고방식이다(다음 장에서 다룰 에픽테토스의 주제이기도 하다!).

우리가 죽음에 대해 어떻게 생각하느냐, 그리하여 죽음으로부터 무엇을 배우는가에 따라서 우리를 공포와 절망에 몰아넣을 수도 있고, 열정적으로 최선을 다해 살게 하거나, 혹은 자신에게 주어진 소명 의식을 깨달음으로써 우리를 구원할 수도 있다. 우리는 죽음과 자신의 유한성을 의식함으로써 자기 존재를 소멸시키는 죽음의 공포에 맞서 자신이 누구이며 어떻게 살아야 하는지를 깊이 성찰할 수 있다. 특히 시한부 인생을 선고받은 사람들은 죽음에 직면하여 최선을 다해 살지 못한 것, 남김없이 후회 없이 살지 못한 것에 대한 각성이 따르며, 이것이 긍정의 힘으로 작용할 때 남은 시간을 최선을 다해 더욱 열정적으로 살다가 죽을 수 있다.

그렇다면 결국 죽음의 문제는 삶의 문제이며, 중요한 것은 '어떻게 사느냐'의 문제가 된다. 좋은 삶 없이 좋은 죽음이 있을 수 없다. 또한 좋은 삶에 대해 이야기하듯이, 우리는 '좋은 죽음'에 대해서도 이야기할 수 있다. 자신의 삶을 완성시키기 위해 혹은 정언적 욕구를 실현하기 위해, 너무 이르거나 너무 늦지 않은 '적절한 때'의 죽음은 바랄 만한 것이 된다.

하지만 죽음은 우리를 기다려주지 않는다. 죽음을 바로 응시하거나 대면하지 못하는 사람, 안이하게 사는 사람은 결코 적절한 때에 죽는 행운을 가질 수 없다. 이것이 죽음이 우리의 삶에 주는 중요한 메시지이며, 우리에게 어떻게 살 것인가를 통찰할 것을 요청한다. 아무 생각 없이 살아서는 죽음의 굴레 안에서 벗어날 수 없으며, 죽음의 자각을 삶의 의미로 연관시키지 못한 채, 예기치 못한 순간에 죽음을 당할 뿐이다.

이제 좋은 죽음, 혹은 바랄 만한 죽음이 되려면 '적절한 때에 죽는 것'과 '어떻게 살 것인지, 남김없이 충분히 후회 없이 살았는지'가 중요하다. 그러한 바람직한 죽음을 맞이하기 위해서는 죽음을 피하거나 억압하기보다는 죽음을 응시하고 똑바로 대면할 수 있어야 하며, 자신의 인격 전부를 걸고 죽음의 의미를 통찰하면서 충분한 삶을 누리는 것이 필요할 것이다.

**생각해볼 문제**

에피쿠로스의 제자인 루크레티우스는 "지금 당장 죽어도 좋다"고 말합니다. 이제 각자 자신에게 물어보세요. '지금 당장 죽어도 좋은가?' 이 물음을 놓고 당장 죽는다면 무엇이 아쉬운지, 당장 죽어도 괜찮은지, 당장 죽어서는 안 된다면 그 이유는 무엇인지 곰곰이 생각해보세요. 이 과정에서 각자 자신의 삶의 이유를 발견하게 될 것입니다.

3장
/
죽음에 대한 올바른 생각이
우리를 구원한다

에픽테토스

●        세상과 자신에 대해 올바로 사고할 수 있는 능력은 인생의 중요한 순간에 미혹에 빠지지 않고 올바른 선택을 하도록 해줍니다. 이런 사려 깊은 행동은 많은 것을 갖지 않더라도 우리를 자유롭게 하고 행복한 삶으로 인도해줍니다. 죽음도 마찬가지입니다. 죽음 자체는 우리의 뜻대로 할 수 없는 것이지만, 죽음에 대해 어떻게 생각하고 어떻게 받아들여 살아갈지는 우리에게 달려 있는 것입니다. 그리고 죽음에 대한 사고방식이 어떠한가에 따라 우리를 억압하기도 하고 우리를 자유롭게 하기도 합니다. 죽음에 대한 올바른 생각이 우리를 구원해줄 것입니다.

# 참된 자유에 이르는 길

## 자신에게 달린 것과 달리지 않은 것의 분별

에픽테토스(Epictetus, 50~120?. 헬레니즘 문화의 영향을 받은 고대 그리스 로마의 철학자. 노예 출신이었으나 이를 극복하고 스토아철학의 대가가 됨)의 철학을 이해하려면 그의 철학이 지향하는 목표를 먼저 이해해야 한다. 그의 철학은 참된 자아와 자유에 도달하는 것, 고통과 혼란에서 벗어나는 것, 남에게서 받은 상처에 직면했을 때 벗어날 수 있는 방법 등을 중심 주제로 다루고 있다. 고통과 상처에서 벗어나 마음의 평정과 자유에 도달하기 위해서 에픽테토스가 가장 중요하게 생각하는 것은 자신의 뜻대로 할 수 있는 일과 자신의 뜻대로 할 수 없는 일을 구분하는 것이다. 이 구분에 따라, 자신이 달리할 수 없는 일에 대해서는 어떤 기대나 관심도 두지 말아야 하며, 자신에게 달려 있는 일에 대해서는 최선을 다하는 것이 좋은 삶에 이르는 길이라고 보았다. 그는 세상에는 우리의 의지대로 할 수 있는 일(혹은 우리에게 달려 있는 일)과 의지대로 할 수 없는 일(혹은 우리에게 달려 있지 않은 일)이 있고, 이 두 가지를 구분하는 것이 고통과 혼란에서 벗어나는 길인 동시에 자유에 이르는 최선의 방법임을 강조한다. 즉, 에픽테토스에게서 이 두 가지를 구분하고 분별하는 능력은 잘 사는 길의 출발점이다.

우리에게 속해 있으면서 우리 의지에 달려 있는 것은 사물이나 사건에 대한 의견, 생각, 의욕, 갈망하거나 꺼리는 것 등 스스로 하는 의지적 활동이다. 이렇게 우리 의지대로 할 수 있는 것들은 본래 자유로운 것이며 아무 제약이나 방해도 받지 않는다. 반면에 육체, 재산, 명성과 평판, 권력 등은 우리 자신의 것에 속하지 않으며 우리 뜻대로 할 수 없다. 이는 다른 것에 속하는 것으로 (외부 조건이나) 남에게 좌우되기에 자유롭지 않다. 그런데 본래 다른 것에 예속된 것을 자신에게 속한 자유로운 것으로 생각하거나, 다른 사람의 뜻에 따라 좌우되는 것을 자기 것으로 생각한다면 장애에 부딪히고 좌절하게 되어 자연히 남과 세상을 원망하게 된다.*

## 자유로운 삶

에픽테토스는 우리 삶에서 가장 중요한 일은 자신의 뜻대로 할 수 있는 일과 할 수 없는 일을 구분하는 훈련을 하는 것이라고 본다. 이 구분에 이어 다음으로 해야 할 것은, 자신의 뜻대로 할 수 있는 일에만 관심을 두고 자신의 뜻대로 할 수 없는 일은 관심도 갖지 말고 언제든지 버릴 준비를 하는 것이다. 이것은 생각보다 쉬운 일이 아닐 수 있다. 왜냐하면 때로는 자신이 중요하게 여기는 것도 완전히 포기해야 하는 단호함이 필요하기 때문이다.

하지만 이런 단호함이 없으면 우리는 항상 흔들리고 내면/정신/영혼의 혼란에서 빠져나오기 어렵다. 우리는 수많은 요구 속에서 살고 있고, 때로는 양심에 어긋나는 크고 작은 유혹을 받기도 한다. 또한 우리는 서로 상반되는 것인데도 둘 다 가지려는 경향이 있다.

하지만 이 세상에 대가 없이 얻어지는 것은 아무것도 없다. 삶에는 양쪽을 다 가질 수 없는 경우가 허다하다. 하나를 얻으면 다른 하나를 잃는 경우가 대부분이다. 예를 들어, 남에게 좋은 평판을 얻기 위해 노력한다면, 남의 눈치를 보지 않고 자신이 옳다고 생각하

---

\* 에픽테토스, 『삶의 기술』, 강분석 옮김, 사람과책, 2008. 여기에서 인용되는 에픽테토스의 사상은 이 책에 근거한 것이다.

는 대로 행동하기가 어렵다. 그 경우 좋은 평판을 얻는 대신 자기 신념을 손상시키게 된다. 또는 진실을 속이고 거짓된 행동으로 이익을 얻었다면, 그 대가로 참된 자신을 속이게 되고 그리하여 자기 신뢰가 손상되며 자유를 잃게 된다. 그런 점에서 우리는 분별력을 가지고 명료하게 사고하고 단호하게 행동하지 않으면 내면의 자유와 평화를 얻기 어렵다. 이것이 에픽테토스가 "자유를 원한다면 아무것도 바라지 말고 남에게 의존하지도 말라"고 말하는 이유다.

사람들은 자기에게 속하지 않은 일(혹은 자신에게 달려 있지 않은 일)에 대해 어떤 기대를 했다가 이루어지지 않으면 좌절하게 되고, 남이 해주기를 바랐다가 그렇게 되지 않으면 또 원망하게 된다. 이는 남에게 달린 것을 마치 자신이 뜻한 대로 이루어질 것이라고 착각하고 기대한 것이다.

이렇게 가장 단순하면서도 기본적인 것을 분별하지 못하면, 자기에게 속하지 않은 어떤 일이 일어나거나 일어나지 않을까 봐 염려하거나 노심초사하다가 내면의 평정을 잃게 된다. 에픽테토스는 우리 뜻대로 할 수 없는 일의 대표적인 것으로 육체, 재산, 명예, 명성과 평판, 권력 등을 들고 있다. 이런 것은 외부 요건에 따라 좌우되는 것이며 내 의지대로 이루어지는 일이 아니다. 자신에 속하지 않은 이런 일에 미련을 두고 여기에 매달리면 스스로 자신의 자유를 저당 잡힌 채 외부의 힘의 지배를 받게 된다. 그리하여 돈의 노예, 권력의 노예, 남의 시선이나 평판의 노예가 된다. 자유는 나에게 달린 일을 지혜롭고 올바로 수행할 때 얻어지며, 남에게 달린 일을 자신에 속한 일로 착각하지 않고 남에게 달린 일에서 초연할 때 얻어진다.

그런데 여기에서 남에게 달린 것들의 목록을 보라! 우리 모두는 그것을 소유하거나 추구하느라 자신의 에너지를 쏟으며 평생을 보내곤 한다. 또한 그것을 얻지 못할까 봐 염려하고 미래에 불안감을 느낀다. 물론 사람이 돈과 명예 등을 완전히 무시하고 살기는 어렵다. 하지만 그것을 얻기 위해 자신을 잃어버리거나 자신의 자유를 저당 잡히지 않는 것이 중요하다. 특히 오늘날 자본주의에 물든 사람들은 돈이나 재물을 축적하는 것이 삶의 목표가 되고 돈을 벌지 못할까 봐 혹은 잃을까 봐 두려워한다. 또한 돈을 벌지 못하면 제대로 살지 못할까 봐 두려워한다. 돈을 버는 것을 목표로 살아가느라 삶의 수단과 목적이 전도되어버렸다. 하지만 에픽테토스는 두려운 건 돈 자체가 아니라 돈에 대해 우리가 부여한 표상이라고 말한다. 예컨대, 돈을 잃어버렸다는 사실 자체가 우리를 두렵게 하는 것이 아니라, 우리가 만들어놓은 돈의 표상, 즉 돈은 꼭 필요하며 돈 없이는 살 수 없다는 생각이나 돈이 없으면 자신의 인생이 불행해질 것이라는 생각 등이 우리를 상처 입히거나 두렵게 만든다.

## 참자아의 능력

우리가 자유롭게 행위하고 외부 사건에 대해 올바르게 반응하거나 대응하는 것은 자신에게 달린 일과 그렇지 않은 일을 구분하는 것에서 출발한다. 이 구분을 잘못할 때 내적인 혼란이 생기고 절망과 좌절을 겪게 된다. 나아가 자신을 스스로 해치고 상처를 입게 된다. 그런데 이 구분은 자신의 능력과 한계를 올바로 인식하는 것을 요구한다는 점에서 자기 인식을 필요로 한다. 또한 외부의 사건과 사물에 올바로 대응하려면 올바로 판단할 수 있는 자아의 능력이 있어야 한다. 이와 관련하여 에픽테토스는 '프로하이레시스(Prohairesis)'라는 개념을 제시한다. 안셀름 그륀은 이 개념을 다음과 같이 해석한다.

인간의 본성은 도덕적으로 올바른 행동을 하게 하는 근본적이고 본질적인 능력이다. 이 능력은 오성(논리적 사고 능력)의 표상이나 논리를 검사한다. 이 능력이 환상에 맞서서 우리의 행동을 결정한다. 이 능력은 도덕적 인격의 핵심을 보여준다. 여기에서 프로하이레시스를 참자아로, 가장 내면에 있는 인격의 핵심으로, 혹은 양심으로, 모든 것을 판단하는 가장 내밀한 권위로 표시할 수 있을 것이다.*

그륀에 따르면, 프로하이레시스는 인간의 마음 안에서 일어나는 생각들을 검토하여 올바른 행동으로 인도하는 자아를 뜻한다. 이 개념은 우리가 자신에게 일어나는 사고들을 비판적으로 검토하고 판단할 수 있는 능력을 갖고 있다고 말하고 있다. 즉, 우리는 자신에게 밀려들어오는 생각에 대해 검토하고 평가하여 동의하거나 동의하지 않는 것을 결정할 수 있다. 우리는 이런 내면의 훈련을 통해 자신의 양심과 도덕적 인격에 해당하는 참자아에 도달할 수 있다. 내면의 참자아는 모든 외부 세력으로부터 해방되어 외부의 권위에 흔들리지 않는 내적인 자유를 체험한다.

에픽테토스는 우리가 참자아에 이르거나 자유의 길을 가기 위해서는, 혹은 자유로운 삶을 살기 위해서는 다음의 두 가지가 필요하다고 주장한다. 첫째는 앞에서 말한 우리에게 달린 것과 달리지 않은 것을 분별하는 것이다. 둘째는 우리의 행동과 삶에 대해 올바로 생각하고 판단하는 것, 즉 올바른 표상을 형성하는 것이다. 우리의 삶을 둘러싸고 있는 사물이나 사건에 대해 올바른 표상을 가질 때에만 우리는 자유를 누릴 수 있다. 에픽테토스는 올바른 표상을 가짐으로써 외적인 것들이 본래 자아의 신성한 내면을 침범하지 못

--------------

* 안셀름 그륀, 『너 자신을 아프게 하지 말라』, 한연희 옮김, 성서와 함께, 2008(개정판). 그륀은 에픽테투스를 인용하면서, 프로하이레시스 개념을 '참자아'로 재정의하고 있다. 여기에서 그륀의 입장에 대한 인용은 이 책에 근거한 것이다.

하도록 막는 것이 중요하며, 우리가 내적 자유를 가진 참자아로 가려면 먼저 사물에 대해 우리가 가진 표상들을 재검토해야 한다고 보았다. 즉, 평소에 우리의 행동을 조정하는 관념들이 편협한 것은 아닌지, 우리 주변에서 통용되는 표상들이 과연 적합한 근거를 갖는 것인지 등을 검토해야 한다. 이렇게 자신의 표상들을 검토함으로써 올바른 생각을 가로막는 장애들을 극복해야 한다. 또한 우리가 사물에 대한 올바른 표상을 가지려면 자신의 능력과 한계를 알고 외적인 것(편견과 헛된 기대와 망상, 부와 권력과 명예 등)이 본래 자신의 도덕적 본성과 양심을 침범하지 못하도록 막아야 한다.

# 죽음에 대한 올바른 생각

## 죽음에 대한 생각은 나에게 달려 있다

삶이나 죽음에서 외적인 구속이나 두려움에서 벗어나 자유로울 수 있는 길은 두 가지 능력을 필요로 한다. 하나는 자신에게 속하면서 자신의 의지와 능력에 달린 것과 그렇지 않은 것을 분별하는 능력이고, 다른 하나는 자신과 세계에 대한 올바른 표상을 형성하는 능력이다. 죽음의 경우도 세상의 다른 일과 마찬가지다. 앞 절에서 자유로운 삶을 위해 어떻게 살아야 하는지 이야기했다면, 이제 죽음에 대해서도 같은 방식으로 말할 수 있다. 자유로운 삶을 위한 두 가지 능력은 자유로운 죽음을 위해서도 요청되는 요소다. 죽음은 우리 의지에 달린 것이 아니므로 자기 뜻대로 할 수 없는 것이다. 우리에게 죽음은 거부할 수도 없고 피할 수도 없는 운명이다. 하지만 죽음에 대해 어떻게 생각할 것인지, 죽음의 두려움과 압박을 느낄 것인지 자유롭게 맞이할 것인지는 우리에게 달려 있다.

죽음은 어쩔 수 없이 우리의 존재를 소멸시킬지라도, 죽음에 대한 생각은 우리에게 달려 있다. 즉, 죽음에 대해 어떻게 생각하며 어떤 태도를 가질 것인지는 각자에게 달려 있는 문제다. 죽음에 대한 태도에 따라 우리는 절망할 수도 있고 새로운 지혜와 통찰을 얻을 수도 있다. 그런 의미에서 죽음 자체는 우리 의지에 속한 것이 아니지만, 죽음에 대한 올바른 생각이나 표상은 우리에게 달린 것이라고 할 수 있다.

그렇다면 죽음을 피하려는 것은 우리의 의지에 달린 것이 아니므로 이것에 연연하는 것은 어리석은 일이다. 우리가 할 수 있는 일은 죽음에 대한 올바른 표상을 갖도록 노력하고 훈련하는 것이다. 이를 통해 자유로운 죽음, 좋은 죽음을 맞이할 가능성이 열린다. 즉, "죽음 자체가 아니라, 죽음에 대한 올바른 생각이 우리를 구원한다." 그렇다면 우리가 관심 가져야 할 문제는 죽음 자체가 아니라 '죽음에 대한 생각, 죽음에 대한 표상을 어떻게 올바로 형성할 것인가' 하는 것이다.

나쁜 일을 당했을 때 우리가 괴로워하는 것은 그 일 자체로 말미암은 것이 아니라 그 일에 대해 우리가 가진 생각 때문이다. 죽음 자체는 두려운 일이 아니다. 만약 죽음이 두려운 것이라면, 소크라테스도 그것을 두려워했을 것이다. 죽음은 두려운 것이라는 생각, 그것 때문에 죽음이 무서운 것이다.

　　에픽테토스는 여기에서 나쁜 일과 나쁜 일에 대한 생각을 구분하는 것과 마찬가지로, 죽음과 죽음에 대한 생각을 구분하고 있다. 그리고 두려운 것은 죽음 자체가 아니라 죽음에 대한 생각이라고 다시 강조한다. 후자는 바로 죽음에 대한 표상이다. 죽음이나 사건 자체가 아니라 사건이나 죽음에 대해 우리가 만들어낸 관념 내지 표상에서 두려움과 고통이 나온다(이와 유사하게 2장에서 살펴보았던 에피쿠로스는 "죽음을 경험할 수 있다는 착각이 죽음에 대한 잘못된 표상을 만들어낸다"고 보았다).
　　여기에서 에픽테토스가 말하는 표상이란 구체적으로 무엇인가? 표상(表象)이란 사건이나 사물에 대해 자신이 만들어낸 생각의 내용이다. 우리가 어떤 사건이나 사물에 대해 생각할 때, 보통 그 생각은 실상을 있는 그대로 반영하는 것이 아니라 자신의 기대나 바람, 염려 등을 투사하여 만들어진다(혹은 투사시키는 안경을 통해 보게 된다). 이렇게 사건이나 사물에 대해 각자의 안경을 쓰고, 즉 자신의 사고방식을 투사하여 만들어낸 생각이 바로 표상이다. 이 표상은 잘못 형성될 수 있으며, 올바로 성찰하지 않으면 편견이 작용하거나 왜곡되기 쉽다. 검토되지 않은 생각들이 투사되기 쉽다. 잘못된 표상은 우리 삶에 장애가 되고 우리를 고통과 혼란에 빠트린다. 이런 구속과 고통에서 자유로워지려면 올바른 표상을 지니도록 훈련이 필요하다.

사람들이 사건 때문에 혼란에 빠지는 것이 아니라 스스로 만든 사건에 관한 표상으로 인해 혼란에 빠진다. 죽음 자체가 끔찍하거나 두려운 것이 아니라 우리가 죽음에 관해 지니고 있는 표상이 끔찍하고 두려운 것이다.

검토되지 않은 잘못된 생각들, 편견들, 착각들이 투사되어 잘못된 표상을 만들어내고, 그 때문에 우리는 고통 받고 상처를 입는다. 죽음의 고통과 두려움도 마찬가지다. 죽음과 관련하여 잘못된 생각들이 투사되어 두려움의 표상이 만들어진다. 그렇다면 우리가 죽음에 대한 관념이나 표상들(죽음은 두려운 것이라는 생각을 불러오는 표상들, 죽음의 고통과 공포, 지옥 불, 신의 처벌 등)을 검토하여 올바르게 바꿀 수 있다면, 죽음은 피할 수 없을지라도 죽음에 대한 두려움은 피할 수 있다.

## 자신의 표상을 검토하기

이제 결론적으로 이렇게 말할 수 있다. "죽음 자체는 우리의 뜻대로 할 수 없으나, 죽음에 대한 생각은(죽음에 대해 어떤 생각을 하느냐는) 우리에게 달려 있는 것이다." 죽음 자체는 피할 수도 없고 내 마음대로 되지 않지만, 죽음에 대한 태도는 나에게 달려 있다. 그리하여 "죽음을 피할 수는 없으나 죽음에 대해 올바른 생각을 갖는 것은 우리를 구원하거나 자유롭게 해줄 것이다." 참자아와 자유에 이르는 길과 마찬가지로, 죽음의 고통이나 억압에서 벗어나는 자유의 길 역시 두 단계로 이해할 수 있다. 첫째, 우리의 뜻에 달린 것은 죽음이 아니라 죽음의 표상이라는 것을 인식하는 것이다. 둘째, 그 표상이 올바를 때에만 (즉, 죽음에 대해 올바르게 생각할 때에만) 우리는 죽음으로부터 자유로울 수 있기에, 올바른 표상을 갖기 위해 훈련하는 것이다.

그러면 두 번째 단계에서 요청되는 올바른 표상을 가지기 위해서 우리는 어떻게 해야 하는가? 앞에서 보았던 내적인 참자아에 도달하는 길을 떠올려보자. 사물에 관한 올바른 표상을 형성하기 위해, 우리는 먼저 사물에 대해 가지고 있는 자신의 표상을 재검토하는 것이 필요하다. 평소 주변에서 통용되거나 습관적으로 받아들여지는 표상들은 검토되지 않은 생각이 반영된 것으로 올바른 표상이 아니다. 그것들은 우리의 사고와 행동을 왜곡하여 조정하거나 편견이나 기만에 빠트릴 수 있다. 우리가 올바른 표상을 형성하기 위해서는 스스로 만들어낸 표상을 검토하고 절제하며 또한 마음에서 생겨나는 반응들을 제어하는 훈련이 필요하다. 유혹에 맞서 도덕과 양심의 소리에 귀 기울이거나, 자유를 구속하는 외부 세력에 맞서거나, 돈과 명성 때문에 양심과 자유를 팔지 않으려는 단호한 태도 등 참자아의 빛으로 자신의 사고를 검토하고 조명하는 것이 필요하다. 즉, 양심이나 도덕적 인격이 바탕이 되어 우리를 올바른 행동으로 이끄는 참자아의 검토를 거칠 때 세상과 사람들과 자신에 대해 올바르게 바라볼 수 있다. 그때 우리는 세상과 사람들에 대한 자신의 반응을 의식적으로 조절할 수 있게 된다.

이것이 외적인 사물들의 세력에서 해방되어 자유롭게 살 수 있는 길이다. 이렇게 살 수 있다면, 죽음은 아무 문제가 되지 않는다. 우리가 근본적으로 올바른 표상을 형성하며 자유롭게 사는 한 죽음은 당연히 아무 문제가 되지 않는다. 진정 자유롭게 사는 사람은 (죽음에 구속되어) 삶을 왜곡시키지 않으며 언제라도 자유롭게 죽을 수 있기 때문이다.

## 올바른 표상을 갖는 것은 왜 중요한가?

우리가 올바른 표상을 갖는다는 것은 이 시대에도 매우 중요한 역할을 담당한다. 예를 들어, 자본주의 시대에 돈이 없으면 불안하고 불행해지는 이유는 돈에 대한 잘못된 표상들이 우리를 사로잡고 있기 때문이다. 우리가 만들어놓은 돈의 표상들은, 돈이면 무엇이든지 살 수 있고 무엇이든지 할 수 있다, 돈은 많을수록 좋다, 돈이 없으면 비참해진다, 돈 없이는 살 수 없다 등으로 넘쳐나고 있다. 그런데 이러한 표상들은 돈 버는 것을 인생의 목표로 만드는 데 동조한다. 모든 가치를 소유와 돈에 집중시킨다. 또한 그것은 '우리 삶에 필요한 최소한의 소유는 어느 정도인가? 어느 정도 돈을 버는 것이 적절한가?'라는 물음들을 배제시킴으로써 자본주의 삶의 방식을 무비판적으로 수용하거나 대안적인 삶의 방식을 생각하는 것을 가로막기 때문에 옳지 못하다. 그리고 무엇보다도 이러한 돈의 표상을 받아들일 때 우리는 자유로운 삶에서 멀어지게 된다. 더욱이 일의 효율과 성과만으로 사람을 평가하는 현대사회의 기준(이것은 결국 돈으로 환산되는 기준이다!)을 받아들일 때 인간의 존엄성과 내면의 자유를 지키기는 더욱 어렵게 된다.

일의 성과만을 중시하는 사회에서는 자신이 하고 싶은 대로 하며 살 수 없다고 한탄하는 사람들의 소리를 나는 자주 듣는다. 하지만 좀 더 자세히 캐물으면, 그들이 사회의 잣대를 받아들였음이 분명해진다. 그들은 자유를 원하면서도 그 삶을 계속 유지하기를 바라고, 돈도 충분히 벌고 싶고 다른 사람에게서 인정도 받고 싶어 한다. 물론 자신의 자유를 일방적으로 요구할 수는 없다. 가족을 돌보아야 하는 가장은 회사가 지불하는 돈에 의존할 수밖에 없다. 그럼에도 불구하고 경제적 필요성 때문에 내적 자유를 뺏기지 않는 것은 중요하다.*

이 상황은 대부분의 현대인이 놓인 상황이기도 할 것이다. 하지만 에픽테토스는 단호함을 요구했다. 우리는 모든 것을 다 누릴 수 없다. 하나를 얻으면 반드시 그 대가가 있다. 사회의 잣대를 다 받아들이면서 내면의 자유를 누릴 수는 없다. 승진을 하거나 돈을 많이 벌 수 있는가에 좌우되지 않고 올바른 자기 판단에 따라 (혹은 도덕적 양심에 따라) 살아야 내적으로 자유롭다. 참자아가 인도하는 내적인 자유의 길을 가려면 우리는 사회와 남들이 제시하는 표상을 그대로 받아들이는 것이 아니라, 삶에 대한 올바른 표상을 형성하고 그에 따라 살아야 한다.

-----------------
* 안셀름 그륀, 『너 자신을 아프게 하지 말라』, 39쪽.

자유로운 사람은 사회에 순응하는 사람은 아니다. 이웃과 더불어 살지만 불의한 구조에 자신의 자유를 저당 잡혀 동조하지 않는다. 잘못된 구조에 저항하고 모험도 하고, 남의 평가와 시선으로 자신을 규정하지도 않는다. 그래서 사회적 기준으로 성공한 삶을 살지 못할 수도 있다. 하지만 진정 참된 자아의 길을 따라 세상과 자신에 대해 올바로 사고하고 흔들림 없이 꿋꿋하게 또 자유롭게 살았다면, 남의 평가가 무슨 대수이겠는가?

# 자유로운 삶으로 인도하는 신앙

## 올바른 표상이 우리를 자유롭게 한다

에픽테토스는 초기 교부들에게 크나큰 영향을 끼쳤던 스토아철학
자다. 그륀에 따르면, "교부들에게 그리스도는 참된 해방자이며, 스
토아철학은 그리스도가 우리에게 선사한 자유의 주변을 맴돌고 있
었다". 교부들은 성경에서도 사람들과 세상의 권력으로부터 자신
을 내적으로 자유롭게 하는 비슷한 가르침을 발견했다. 요한 크리
소스토무스는 자신의 신앙의 길이 이교도 철학자 에픽테토스가 참
자아를 찾아가는 자유의 길과 일치한다는 것을 알았으며, 에픽테
토스의 철학을 수용하여 자신의 신앙의 길을 제시했다.

크리소스토무스는 신앙의 길을 에픽테토스가 보여주었던 내적 자유에 이르는 길로 묘사하고 있다. 여기에서 신앙은 단지 교회의 가르침을 믿는 것이 아니라 무엇보다도 '실재에 대한 올바른 표상으로 드러나며, 스스로 올바르게 되고 자기 자신을 잘 대하는 건강한 삶의 기술'로 묘사된다. 내가 보기에 에픽테토스 철학의 핵심은 '내적 자유의 공간은 외적인 가치나 외적인 것의 영향으로부터 독립하여 자유로우며 그것에 종속됨이 없이 나의 존엄성과 가치를 지켜주는 공간이다. 자유공간에서 내가 인정하거나 허용하지 않는 한 외적인 것은 나를 좌지우지할 수도 없고 나에게 상처를 줄 수도 없다'는 것에 있다. 나는 에픽테토스의 이 내면의 자유공간이야말로 그의 철학이 이룬 최대의 업적이라고 생각한다. 나는 자신을 성찰하며 진정한 사유가 싹틀 수 있는 이 자유공간을 사랑한다. 이 자유공간 덕분에 인간의 자유와 존엄이 중요한 토대를 갖게 된다.

에픽테토스는 내면의 자유로운 공간에 양심과 도덕적 인격을 가진 참자아가 존재한다고 보았다. 참자아의 인도로 우리는 자신의 표상을 투사하는 배후를 묻거나 재검토하며 올바른 표상을 형성해나갈 수 있다. 이렇게 올바른 표상을 갖는 것이 이 세상을 올바로 자유롭게 살기 위해, 또 자유롭게 죽기 위해 필요하다. 교부들은 참자아의 자리에 하느님, 혹은 하느님의 빛 안에서 올바른 표상을 상상하는 자아를 대체하려는 것으로 보인다. 즉, 사람이나 사물을 생각할 때 올바로 판단하기 위해 "하느님의 빛 안에서 상상한다." 하지만 에픽테토스나 교부들이 전달하고자 한 핵심 메시지에는 차이가 없다. 그것은 참자아이든 하느님의 빛이든, 우리가 올바로 형성된 표상을 통해 참으로 사람과 사물들을 자유롭게 대할 수 있다는 것이다. 올바른 표상이 우리를 자유롭게 하며 우리를 구원한다는 것이다.

올바른 표상이 우리를 자유롭게 한다면 잘못된 표상은 우리에게 상처를 준다. 크리소스토무스는 (에픽테토스의 말을 그대로 인용하면서) "실재에 대한 잘못된 표상이 자신에게 상처를 준다"고 보았다. 그리하여 그는 실재에 대한 우리의 표상을 검토해보라고 말한다. 그가 다룬 물음은 오늘날 우리에게 던지는 물음이기도 하다. '나는 어떻게 인간의 판단에서 나를 독립시킬 수 있을까? 남의 판단에서 자유로워질 수 있을까? 어떻게 소유와 성공, 인정, 안전과 같은 외적 사물에 매이는 것에서 자유로워질 수 있을까? 어떻게 병과 죽음, 거절과 거부당하는 두려움을 극복할 수 있을까?' 이런 것들이 우리에게 불안이나 두려움과 상처를 준다면 그것은 자신이 만들어낸 타인에 대한 생각이나 사건에 대한 잘못된 전제와 표상들 때문이다.

## 자유로운 죽음

크리소스토무스는 성경의 사람들처럼 하느님을 삶의 토대로 삼을수록 우리는 다른 사람이 우리에게 미치는 영향에서 더 자유로워지고, 사물을 점점 더 자유롭게 대할 수 있다고 말한다. 즉, 우리가 모든 것을 가져야 하고 성취해야 한다는 강요에서 점점 더 자유로워진다. 이런 의미에서 신앙은 우리를 자유의 길로 인도하고, 특히 마지막 관문인 죽음에서 우리를 자유롭게 해준다.

에픽테토스가 자신에게 달린 것의 분별과 올바른 표상을 형성하고 실천하는 자유로운 삶을 가르쳤다면, 그는 죽음에 이르는 자세가 어떠해야 한다고 생각했을까? 에픽테토스의 철학을 교부들의 사유 안에서 재해석하고 있는 그륀은 죽음을 대하는 에픽테토스의 자세를 다음과 같이 기술한다.

죽음에 이르는 자세에 관해 에픽테토스는 감사하는 마음을 유지해야 한다고 말한다. 인간의 삶은 본질적으로 여행이다. 숙소에 머무는 기간을 인간 마음대로 선택할 순 없다. 죽는 순간, 에픽테토스는 하느님께 이야기하고자 한다. "당신께서 저를 지으셨기에 당신과 당신의 모든 하사품에 감사드립니다. 당신의 호의를 즐겼던 시간만으로 저는 만족합니다. (…) 저는 준비되어 있습니다. (…) 지금 당신께서는 제가 참여했던 큰 잔치에서 떠나기를 원하십니다. 저는 떠나갑니다. 제가 당신과 함께 가장 큰 잔치에 참여하게 한 것에, 제가 당신의 업적을 보게 한 것에, 그리고 저를 당신의 질서에 넣어주신 것에 무조건 감사드립니다." 이 말에서 하느님께 대한 그의 큰 사랑이 드러난다. 여기에서 하느님은 스토아학파의 비인격적 운명을 말하는 것이 아니라, 에픽테토스가 기도를 드리는, 그 자신이 체험하도록 허락받은 모든 것에 감사드리는 인격적인 하느님을 뜻한다.

내적으로 충만하고 자유롭게 살았다면 우리는 죽음 앞에서 이렇게 감사하는 마음으로 기도할 수 있지 않을까? 또한 우리가 열악한 환경이나 외부에서 오는 어려움에도 불구하고 (왜곡된 상처를 만들지 않으면서) 참자아의 빛에 따라 세속의 가치에 현혹되어 양심을 잃어버림 없이 올바른 표상을 가지고 자유로운 삶을 산다면, 그리고 그 삶에 감사할 수 있다면, 죽음의 두려움에서 우리를 자유롭게 해줄 것이다.

## 스토아철학의 현대적 의미

에픽테토스의 철학을 마무리하면서, 그에게 제기되는 두 가지 비판을 살펴보려고 한다. 인간은 최악의 열악한 상태에서도 자유의 공간을 열 수 있다는 것을 보여주고자 했던 그의 정신에 동의한다는 의미에서 두 가지 비판에 대해 우호적인 답변을 찾아보려고 한다.

첫 번째 비판은 러셀이 제기하는 스토아철학의 '신포도 문제'다. "스토아철학은 신포도의 요소를 갖는다. 우리는 행복해질 수 없지만, 선해질 수는 있다. 그러니까 우리가 선한 사람이라면 불행이란 문제가 되지 않는 척해보자는 말이다." 여기에서 러셀은 에픽테토스를 비롯한 스토아철학의 정신에 관해 흥미로운 문제를 제기하고 있다. 스토아철학에는 위선적이거나 자기기만적인 요소가 있다는 것이다.

그러면 신포도의 문제를 어떻게 볼 것인가? 스토아철학자들이 부와 성공, 명예를 (부러워하면서도) 보잘것없는 것이라고 자신을 기만한 것으로 해석할 여지는 있으나, 진정으로 외적 가치 때문에 내면의 자유를 억압받지 않고 참자아의 길, 내적 자유의 길을 찾아가는 법을 제시한 것으로 볼 수 있다. 외부의 세력과 권한에 자신의 내적 자유와 양심을 타협하지 않고 진정 자유롭게 산다면 그 사람에게는 '신포도'로 상징되는 자기기만이 없을 것이다. 즉, 부와 명성을 선망하지만 가질 수 없기 때문에 그 가치를 비하하는 자기기만적 태도가 아니라, 부와 명예에 자기 양심이 흔들리거나 타협하지 않고 참자아와 자유의 길을 따라 살아가는 사람에게 '신포도'는 해당되지 않는다.

　나는 에픽테토스의 삶과 죽음의 철학을 그리스도인이 추구해온 신적인 참자아의 자유의 길을 제시하는 것으로 읽으려고 한다. 이것이 에픽테토스의 철학으로부터 오늘날 자본주의 시대에 물질의 가치에 압도되거나 억압받거나 휘둘리지 않고 자신을 지켜나가는 길을 배울 수 있는 방법이기도 하다. 물론 우리 삶이 외부 조건에 영향 받지 않는 것처럼 말하는 것은 지나친 것이라고 볼 수 있다. 하지만 우리는 자기 표상을 형성하거나 무엇을 의지할지에 대해 선택할 수 있는 중요한 부분이 있다는 것을 부인해서는 안 된다. 그것이 자기 삶에 대해 외부 조건의 희생자에 머물기보다는 자기 삶을 주체적으로 살고자 하는 책임 있는 태도다. 우리가 물질과 부의 가치를 선망하고 그것에 마음을 두고 있는 한 에픽테토스의 철학은 분명 신포도의 요소를 갖는다. 하지만 우리가 진정 내면의 자유를 얻으려면, 외부의 물질적 가치에 흔들리지 않고 양심에 따라 살며 참자기를 닦는 삶을 살아야 한다는 이상을 포기해서는 안 될 것이다.

　두 번째 비판은 스토아철학이 비현대적이라는 평가다. 하지만 나는 스토아철학이 오늘날 우리에게도 중요한 메시지를 제시한다고 생각한다. 오늘날에도 내면의 자유는 중요한 가치이고, 자본주의 시대는 내적으로 자유로운 삶을 살기가 더욱 어려운 시대다. 에픽테토스는 진정 자유로운 삶을 살기 위해서는 세상과 사물에 대한 올바른 표상을 형성하고, 돈이나 명예와 권력 등 남에게 달린 것에 대해 자신의 자유를 저당 잡히지 않도록 단호한 태도가 필요하다고 말한다. 그의 철학은 인생의 중요한 지점마다 스스로에게 다음 물음을 묻기를 요청한다. '자유롭게 살 것인가, 아니면, 외부 가치들을 누리기 위해 자유를 양보할 것인가?' 오늘날에도 에픽테토스는 이 물음에 대해 분명 하나의 지침을 마련해줄 것이다.

또한 스토아철학과 교부들의 사유를 결합한 초기 그리스도인의 삶을 떠올리면 에픽테토스의 철학은 현대인의 신앙의 자세에 대해서도 중요한 점을 시사해준다. 신앙이 자신을 자유롭게 하지 않는다면, 자신의 정신과 영혼을 선하게 하고 훌륭하게 하며 신적인 참자아로 나아가는 데 기여하지 않는다면, 그런 신앙이 무슨 소용이 있을까! 부와 명예와 평판에 신경 쓰며 자신의 내적 자유와 평화가 흔들린다면 참된 신앙인이라고 할 수 있을까? 그렇다면 오늘날 신앙인은 에픽테토스가 강조했던 참자아의 길, 자유의 길로 인도하는 신앙을 실천하는 삶을 살아야 하지 않을까!

진정으로 자유롭게 산다는 것이 무엇일까요? 돈과 권력에 자신의 양심과 자유를 팔지 않기 위해서는 결정적인 유혹의 순간에 참자아의 목소리에 귀 기울일 수 있어야 합니다. 돈을 벌되 돈의 노예가 되지 않는 길은 무엇일까요? 영예롭게 행동하되, 명예를 추구하다 남의 시선의 노예가 되지 않는 길은 무엇일까요?

**4장**

/

죽음은 삶의 진실을 보게 해준다

카뮈

● 　　　시지프스 신화의 이야기, 어김없이 굴러 떨어질 커다란 바위를 또다시 반복하여 산 정상으로 밀어 올리는 시지프스의 삶을 떠올려보세요. 우리 주변에는 이처럼 이유도 모르고 언제 끝날지도 모르는 고통에 시달리는 경우들이 많습니다. 그런 고통 앞에서 우리는 무엇을 할 수 있을까요? 카뮈는 이런 불합리하고 부조리한 고통에 대해 자살을 하는 것도 신의 구원에 기대는 것도 주어진 삶으로부터 도피하는 것이라고 말합니다. 그리고 부조리한 인간의 저항하는 행동 방식을 제3의 길로 제시합니다. 카뮈가 제시하는 부조리에 반항하는 인간의 삶의 방식을 따라가볼까요?

# 부조리의 철학,
# 부조리를 주시하는 삶

## 삶의 무의미와 부조리

대표적인 부조리의 철학자 카뮈(Albert Camus, 1913~1960. 무신론적 실존주의 사상과 부조리 문학의 장르를 대표하는 프랑스의 소설가이자 철학자)는 삶과 죽음의 부조리에 대해 정면으로 바라보도록 촉구한다. 그는 『시지프스 신화』 서두에서 다음과 같은 말로 시작한다.

참으로 진지한 철학적 문제는 오직 하나뿐이다. 그것은 바로 자살이다. 인생이 살 만한 가치가 있는지 없는지를 판단하는 것이야말로 철학의 근본적인 문제에 답하는 것이다.*

부조리의 철학자는 신이 없는 세계에서 부조리 너머의 의미를 믿지 않는다. 신이 없는 세계는 의미가 없는 세계다. 죽는 것이 이유가 없듯이 사는 것도 아무 이유가 없다. 그렇다면 우리 삶에서 무슨 희망을 찾을 수 있는가? 죽어 없어질 우리 존재와 삶의 철저한 무의미와 부조리 속에서 대체 무슨 의미를 찾을 수 있는가? 살아야 할 아무 이유도 의미도 없다면 왜 살아야 하는가? 즉, 왜 자살을 해서는 안 되는가?

삶의 무의미 앞에서 흔히 사람들이 취할 수 있는 태도는 자살을 하거나 우리 삶을 구원해줄 희망에 기대를 거는 것이다. 얼핏 보면, 여기에서 우리에게 주어지는 선택지는 자살을 하든가, 삶의 희망을 찾든가 두 가지밖에 없어 보인다. 하지만 카뮈는 두 가지 모두 바람직한 태도가 아니라고 말한다. 불가능한 희망에 기대는 것과 마찬가지로, 희망이 없기 때문에 자살하는 것도 올바른 태도가 아니다.

인생이 살 만한 가치가 없기 때문에 자살한다는 것은 필경 하나의 진리다. 하지만 그것은 너무나 자명한 이치이기에 아무짝에도 쓸모없는 진리다. (…) 삶의 부조리는 과연 희망이라든가 자살 같은

---

\* 알베르 카뮈, 『시지프스 신화』, 김화영 옮김, 책세상, 1997. 여기에서 인용하는 카뮈의 사상은 이 책에 근거한 것이다.

길을 통해서 삶으로부터 벗어나기를 요구하는 것일까? 이것이야말로 모든 군더더기를 치워버리고서 추적하고 해명해야 할 문제인 것이다.

삶의 의미가 없기 때문에 자살한다는 것은 얼핏 생각하면 자명한 결론처럼 보이지만, 그것은 피상적이고 사소한 진리에 불과하며 아직 문제의 깊이를 성찰하지 못한 것이다. 또한 실제로 이런 이유로 자살하는 사람은 거의 없다. 나머지 길은 우리를 구원할 수 있는 희망의 길을 찾으려는 시도인데, 카뮈는 이것도 삶의 진실에서 벗어난 것이라고 본다. 그리고 이 두 가지 외의 다른 길을 찾는 것이 부조리 철학의 과제라고 본다.

나의 관심은 부조리의 발견이 아니라 오히려 거기서 이끌어내게 되는 귀결 쪽에 있다. 이러한 사실이 확인된다면 과연 어떤 결론을 내려야 하며, 그 어떤 속임수도 쓰지 않으려면 어디까지 밀고 나가야만 하는 것일까? 의식적으로 목숨을 끊어야 할 것인가? 아니면 모든 것에도 불구하고 희망을 가져야 할 것인가?

부조리에 직면하여 이끌어낼 수 있는 결론은 무엇인가? 자살이나 희망의 길이 모두 잘못된 것이라면, 제3의 길은 무엇인가? 카뮈에 따르면, 부조리를 발견한 철학자들은 많았으나 그들은 대부분 부조리의 긴장을 견디지 못하고 성급하게 그곳을 빠져나와 구원의 동아줄을 잡느라 섣부른 선택을 했을 뿐이다. 그들 중 부조리 때문에 자살한 사람은 거의 없으며, 대부분은 자신을 속이고 헛된 희망에 기대는 선택을 했다는 것이다. 그것은 종교의 구원에 의탁하거나 영원한 것에서 의미를 찾으려는 희망에 기대는 것이다. 이것은 일종의 비약이며, 이때 부조리는 해소된다. 부조리는 희망의 반대라는 것을 인정한다면 이는 부조리를 없애버리는 것이다. 그리고 "초월로 비약하는 것은 일종의 회피이며, 그 순간 부조리는 소멸된다. 부조리는 오직 두 가지 대립항의 긴장과 균형 속에서만 그 의미를 갖기 때문이다". 즉, 삶의 의미가 없기 때문에 죽어버리는 것이나, 살기 위해 (자신을 속이고) 삶의 의미와 환상을 만들어내는 것이나 부조리를 해체시킨다는 점에서는 같다.

## 부조리의 대립항

그러면 부조리는 어떻게 생겨나는가? 부조리는 언제나 두 개의 대립항을 필요로 한다. 부조리는 한편으로 행복과 의미와 이유에 대한 인간의 욕구와 열망, 다른 한편으로 세계의 무의미와 비합리적 침묵 사이의 대면에서 생겨난다. 즉, 세계의 비합리와 의미를 구성하려는 인간의 열망이 서로 만날 때 부조리가 생겨난다. 혹은 의미가 없는 세계와 의미를 찾는 인간 사이에서 부조리가 생겨난다. 부조리는 인간 안에 있는 것도 아니고 세계 안에 있는 것도 아니며, 오직 양자가 함께 있는 가운데 있을 뿐이다. 인간의 정신 밖으로 벗어나면 부조리는 있을 수 없다. 물론 세계 밖으로 벗어나도 부조리는 있을 수 없다.

신이 없는 세계, 의미가 없는 세계에서 의미를 추구하는 것, 부조리에도 불구하고 살아가야 하는 것이 부조리한 인간의 과제이며 부조리의 철학자의 과제이기도 하다. 부조리를 의식하는 인간은 더 이상 이 세계에서 의미를 찾는 일이 부질없다는 것을 안다. 구원의 희망이 없다는 것을 의식한다. 또한 의미가 없다는 것을 알지만 동시에 살아야 할 이유를 찾아야 하는 딜레마를 안고 산다. 부조리를 의식하는 인간은 이러한 부조리의 긴장을 안고서 살아가야 한다. 그는 부조리 속에서 무의미를 딛고서 어떻게 살아갈 것인가? 사는 것을 포기하거나, 의미가 없다는 것을 모른 척 자신을 기만하고 구원의 희망으로 비약하는 것, 둘 다 올바른 길이 아니라고 카뮈는 말한다.

이와 같이 부조리를 의식하는 인간, 부조리에 직면한 인간이 자살하는 것도 구원의 희망에 기대는 것도 바람직한 태도가 아니라면, 바람직한 선택은 무엇인가? 즉, 삶의 무의미와 부조리에 대응하는 올바른 태도는 무엇인가? 카뮈에 따르면, 그것은 그 무의미하고 부조리한 삶을 타협 없이 반항적으로 버티어내며 살아가는 것이다.

앞에서는 인생이 과연 살 만한 의미를 가지고 있는지 어떤지가 문제였다. 이번에는 그것과는 반대로 인생에 의미가 없으면 없을수록 그만큼 더 훌륭하게 살아갈 수 있다고 여겨지는 것이다. 어떤 경험, 어떤 운명을 산다는 것은 그것을 남김없이 다 받아들인다는 것이다. 그런데 만약 의식에 의해 백일하에 드러난 부조리를 자신의 눈앞에 지탱시키려고 최선을 다하지 않는다면 운명이 부조리하다는 것을 알면서 그 운명을 살아가는 것이라고 할 수 없을 것이다.

부조리는 대립에 의해서 존재하는 것인데 그 대립의 항목들 중 어느 하나를 부정하는 것은 부조리를 기피하는 것이 된다. 의식적인 반항을 폐기하는 것은 곧 문제 자체를 폐기하는 것과 같다. (…) 산다는 것은 부조리를 살려놓는 것이다. 부조리를 살린다는 것은 무엇보다 먼저 부조리를 주시하는 것이다. (…) 부조리는 오직 우리가 그것을 주시하던 눈길을 딴 데로 돌릴 때 죽어버리는 것이다.

## 반항의 정신

진정 부조리를 주시하는 인간은 부조리와 타협하지 않고 그 긴장 속에서 살아가기를 결연하게 다짐한다. 이제 인생이 의미가 있는지 없는지는 문제가 아니다. 부조리한 인간은 부조리 너머에 삶의 의미가 없다는 것을 안다. 그런데 부조리를 의식하는 인간은 바로 그 부조리한 자신의 운명을 받아들여, 부조리와 타협하지 않고 부조리의 긴장을 끝까지 유지하며 살기로 다짐한다. 그는 인생의 의미가 없다고 하더라도 자신의 삶을 남김없이 불사르며 더욱 훌륭하게 살아가리라고 다짐한다.

이것이 바로 반항의 정신이다. 그에게서 산다는 것은 부조리를 살리는 것이며, 부조리를 의식하며 그 긴장감을 놓치지 않고 사는 것이다. 부조리의 대립항에서 오는 긴장을 살리며 사는 것은 부조리와 타협하지 않고 그것과 대결하며 반항하는 것이다. 따라서 "유일하게 일관성 있는 철학적 태도는 반항이다. 반항은 인간이 자신의 어둠과 벌이는 끊임없는 대결이다". 자신의 존재와 삶의 부조리와 무의미함을 회피하지 않고 반항하며 버티어내는 것이다. 체념하거나 포기하지 않고 또 기만 없이 그렇게 반항하기로 결단하는 것이다. 삶의 의미가 없다는 것을 알면서도 (의미 있는 듯 기만하지도 않고, 또 삶을 포기하지도 않으면서) 자신의 부조리한 운명과 삶을 더 열

정적으로 살아내는 것이 반항하는 인간이 살아가는 이유이자 방식
이다.

이처럼 반항적인 인간은 매 순간마다 부조리를 주시하고, 죽음
을 의식하며, 부조리의 긴장을 살아내는 사람이다. 그러기 위해서
그는 부조리의 대립항이 한쪽이라도 부정되지 않도록 긴장을 잃지
않고 의식이 깨어 있는 삶을 살아야 한다. "반항은 경험 전반에 의
식을 풀어놓는다. 반항은 인간이 자신에게 끊임없이 현존함을 뜻
한다. (…) 반항에는 희망이 없으며, 반항은 부조리한 운명의 확인
이지만 체념을 거부한 확인인 것이다."

죽음을 의식하며 사는 것은 부조리를 기피하지 않으면서 사는
것이다. 자신의 부조리한 운명을 의식하지만 체념하지 않고 그 운
명을 적극적으로 최선을 다해 남김없이 살아낼 것을 다짐하는 것
이다. 반항하는 자는 부조리의 대립항을 어느 쪽도 폐기하거나 회
피하지 않고 팽팽하게 긴장시키면서 부조리와 대결하는 삶을 살아
간다. 구원의 약속이나 구원의 가망이 없을지라도 부조리와 적극
적으로 대항하고 대결하며 사는 것이다. 이제 자살이 왜 잘못된 것
인지 분명해진다. 자살은 부조리의 대립항의 하나를 폐기함으로써
부조리를 해소시켜버리기 때문이다.

자살은 반항과는 정반대다. 자살은 비약과 마찬가지로 극한에 있

어서의 수용이다. (…) 자살은 나름의 방식으로 부조리를 해소해버린다. 자살은 부조리를 바로 죽음 속으로 끌고 들어간다. 하지만 부조리가 지탱되려면 부조리 자체가 해소되어서는 안 된다. 부조리는 죽음을 의식하지만 동시에 죽음을 거부한다는 점에서 자살에서 벗어난다.

반항이라는 거부는 포기와는 정반대다. (…) 자살은 삶의 진가를 몰라서 저지르는 행위다. 부조리의 인간은 오직 남김없이 다 소진하며, 자기 자신의 전부를 마지막까지 소진할 뿐이다. 부조리는 인간의 고독한 노력으로써 끊임없이 지탱하는 최극단의 긴장이다. 왜냐하면 그는 자신이 매일매일의 의식과 반항을 통해서 운명에 도전한다는 그의 유일한 진실을 증언하고 있음을 알기 때문이다.

이처럼 부조리와 대결하는 자는 자살을 수용하지 않는다. 죽음은 부조리의 인간이 감당해야 하는 돌이킬 수 없는 몫이다. 부조리의 인간은 죽음만큼이나 삶도 자신이 감당해야 할 몫이라는 것을 잘 알고 있다. 부조리의 인간은 구원의 약속이 없다는 것을 알지라도 체념하거나 포기하지 않고, 매 순간 부조리를 의식하며 그것과 대결하는 반항을 통해 이 지상에서 자신의 운명을 남김없이 살아낸다. 반항은 삶의 무의미에도 불구하고 포기하지도 않고 자신을 기만하지도 않으면서 부조리에 대항하여 버티어내기를 감행하는 것이다. 부조리의 인간은 죽음을 의식하는 자이며, 의미와 희망이 없다는 것을 의식하지만 부조리의 긴장을 해소하지 않고 부조리의 진실을 정면으로 바라보며 최선을 다해 살아간다. 이렇게 자신의 부조리한 운명을 끌어안고 남김없이 불사르며 살 때, 반항은 삶에 가치를 부여한다.

# 반항하는 인간의 모범

## 반항하는 인간의 모델

카뮈는 반항하는 인간의 구체적인 모델을 시지프스와 『페스트』의
주인공들에게서 찾는다. 시지프스의 이야기는 다음과 같다.

신들은 시지프스에게 바위를 산꼭대기까지 끊임없이 굴려 올리
는 형벌을 내렸었다. 그런데 이 바위는 그 자체의 무게 때문에 산꼭
대기에서 다시 굴러 떨어지곤 했다. 시지프스는 어김없이 굴러 떨어
질 바위를 또다시 그리고 끊임없이 산 정상으로 굴려 올려야 한다.
무용하고 희망 없는 노동보다 더 끔찍한 형벌은 없다고 그들이 생각

한 것은 일리 있는 일이었다. (…) 시지프스 신화에서는 다만 거대한 돌을 들어 올려 산비탈로 굴려 올리기를 수백 번이나 되풀이하느라고 잔뜩 긴장해 있는 육체의 노력이 보일 뿐이다. (…) 기나긴 노력 끝에 목표는 달성된다. 그때 시지프스는 돌이 순식간에 저 아래 세계로 굴러 떨어지는 것을 바라본다. 그 아래로부터 정점을 향해 이제 다시 돌을 굴려 올려야만 하는 것이다. 그는 또다시 들판으로 내려간다.

부조리의 철학자 카뮈는 왜 시지프스 신화에서 깊은 영감을 받았을까? 끝없이 무산되어버릴 무익하고 희망 없는 노동을 끊임없이 반복하는 시지프스는 바로 전형적인 부조리의 인간으로 보이기 때문이다. 이 신화를 『페스트』에서 부조리에 대항하여 싸우는 주인공들의 행동과 연관 지어 살펴보자.

카뮈는 『페스트』라는 소설의 인물들을 통해 부조리한 인간의 삶과 반항하는 인간들의 전형적인 모델을 보여준다. 『페스트』는 페스트라는 부조리한 고통에 대항하여 싸우는 사람들의 투쟁을 담은 소설이다. 오랑(Oran)이라는 도시에 갑자기 들이닥친 페스트라는 재앙에 맞서서 함께 투쟁한 사람들에 관한 이야기를 담고 있다. 페스트라는 무서운 전염병이 오랑을 엄습하고 순식간에 수많은 사람들을 죽음으로 몰고 간다. 페스트의 기습으로 도시는 폐쇄되고, 엄

청난 재앙에 직면한 사람들은 속수무책으로 혼란에 빠지고 생이별과 죽음, 극심한 고통으로 점철되는 혹독한 삶이 전개된다.*

이런 상황에서 자원보건대가 조직되고 주인공들이 여기에 참여하면서 페스트와의 싸움이 시작된다. 페스트에 걸린 사람들을 진단하고 격리하고 예방하고 치료하고, 죽은 사람들의 장례와 매장을 치르는 일이 끝없이 반복되고 계속된다. 그래도 주인공들은 끝나지 않는 재앙과 전쟁에도, 그리고 계속되는 패배에도 불구하고 체념하거나 포기하지 않고 인내와 성의를 다해 봉사하며 끝까지 투쟁한다. 이들은 페스트라는 부조리에 반항하는 인간의 전형으로 그려진다. 이들은 이유도 없고 의미도 없는 부조리한 악과 고통에 대해 포기하거나 도피하지도 않지만 자기기만이나 헛된 희망도 품지 않고 신의 구원에 기대지도 않으면서 (그리하여 그 고통의 의미를 찾으려고 하거나 신이 인간을 위해 마련한 시련이라는 말로 합리화를 시도하지 않으면서, '그 고통은 아무 의미도 이유도 없다'고 생각하면서, 신이 무언가 구원해 주기를 희망하거나 신에게 기대지 않으면서) 다만 희생자를 치료하면서 페스트와 싸우고 투쟁하며 반항하기를 다짐하고 결단한다.

---

* 알베르 카뮈,『페스트』, 이혜윤 옮김, 동서문화사, 2011. 이하에서『페스트』에 대한 인용은 이 책에 근거한 것이다.

## 페스트에 대응하는 방식들

카뮈에게서 페스트는 곧 부조리를 상징한다. 사실 페스트의 상황 자체가 부조리다. 페스트는 합리적인 이유나 의미를 찾을 수 없는 고통이자 악이다. 아무런 이유도 없고 의미도 없이 페스트를 겪고 페스트로 죽고 페스트와 함께 살아가야 하는 상황은 죽음과 더불어, 죽음을 의식하며 살아가는 부조리한 인간의 정황을 잘 드러내준다. 어느 누구도 죽음이나 페스트에서 자유로울 수 없다는 것을 보여준다.

카뮈는 이 책을 통해 페스트와 같은 부조리 상황에 대해 어떻게 대응할 것인지, 나아가 삶의 부조리에도 불구하고 어떻게 살아갈 것인지를 묻고 있다. 그리고 페스트라는 재앙에 맞서 투쟁하는 사람들의 이야기를 통해, 부조리한 상황에서도 어떻게 삶을 살아가야 하는지 깨닫게 해준다. 그는 "페스트와 같은 부조리한 상황에서 도피하거나 체념하거나 자기기만에 빠지지 않으면서, 그것에 의연히 맞서 저항하고 투쟁하는 반항적 인간상"을 보여준다. 동시에 페스트와 투쟁하는 주인공들의 행동과 생각을 통해 '부조리와 대결하는 반항하는 인간'의 전형적인 모습을 구현해낸다.

의사이면서 연대기의 기록자인 베르나르 리유는 인간에 대한 동정과 연민으로 페스트에 대항하여 환자의 고통을 치료하는 데 헌

신하며, 신의 구원을 기다리기보다는 부조리한 고통에 저항하는 행동을 감행한다. 그는 페스트로부터 구원될 것이라는 아무 희망도 없지만 체념하거나 포기하지 않고 최선을 다해 환자를 치료하면서 페스트와 끝없이 대결을 벌이는 반항하는 자의 모델이다. 하지만 그는 페스트에서 인류를 구해내는 데 성공하는 영웅적 인물이 아니다. 페스트가 끝나리라는 희망의 약속이나 아무런 기약 없이 (그는 신이 해결해주리라는 구원이나 희망을 믿지 않는다…) 그럼에도 포기하지 않고 자신이 의사로서 그 자리에 있기 때문에 최선을 다하여 환자들을 치료하고 페스트와 끝없는 싸움을 벌인다.

마음의 평화를 얻는 것이 삶의 목표이고 '신이 없는 세계에서 성인이 되는 것'을 꿈꾸는 장 타루는 오랑에서 페스트 퇴치를 위해 자원보건대를 조직하여 리유와 함께 페스트의 투쟁에 앞장선다. 그는 신이 없다면 무엇이든 허용되고 어떻게 살든 상관없다는 논리에 맞서, "신이 없는 세계에서 어떻게 성인이 될 것인가?"라는 물음을 묻는다. 어쩌면 신이 없는 세계에서 성인이 되기 위한 타루의 그 꿈이야말로 부조리한 꿈이다. 이 꿈은 죽음의 부조리를 의식하며 살아가는 자만이 꿀 수 있는 꿈이기 때문이다. 타루는 부조리한 고통에 저항하는 리유와 생각을 공유하며 우정을 쌓아나간다. 하지만 그는 페스트가 물러가는 마지막 순간에 페스트의 희생자가 된다.

취재 차 오랑에 들른 외지인 기자 랑베르는 사랑하는 연인이자 아내를 만나기 위해 페스트로 폐쇄된 그 도시를 필사적으로 탈출하려고 갖은 노력을 다한다. 하지만 탈출하려는 순간에 혼자 행복하려는 것은 부끄러운 일이고 그 때문에 진정 참다운 사랑을 할 수 있을지 의문이라며 탈출을 포기하고 구조대에 남기로 결단한다.

시청의 하급 서기관인 그랑은 평범한 인물이지만 페스트와 같은 어떤 극한 상황에서도 절제와 인내심을 가지고 끝까지 성실하게 자기 직분을 수행하는 반항적 인간의 전형적인 모델로 그려지는 인물이다. 그의 또 다른 관심은 사랑하지만 헤어진 아내에게 자신의 마음을 담은 편지를 쓰기 위해 퇴근 후에 날마다 정확한 말을 고르고 찾는 작업에 골몰하는 일이다. 그는 만날 기약도 없는 아내를 위해, 아내가 이 편지를 읽을 거라는 보장이 없는 상황에서도 정성을 다해 편지를 쓰는 일에 골몰한다.

이들은 어떤 의미에서 모두 제2의 시지프스라고 할 수 있다. 구원의 약속도 희망도 기약도 없지만 자신 앞에 놓인 임무나 부조리한 고통에 맞서 끝없이 투쟁하고 반복되는 일을 하는 사람들이라는 점에서 그러하다.

물론 예외적인 인물들도 등장한다. 파눌루 신부는 악이 존재하는 이유는 보다 큰 선을 위한 것이라거나, 페스트와 같은 고통이나 악의 존재에도 나름의 의미가 있다고 생각하는 대표적인 인물이다. 그는 페스트의 부조리한 고통 속에서도 필사적으로 그 고통이 주는 의미와 하느님의 뜻을 읽으려고 한다. 페스트에 공격당한 어린아이가 극심한 고통으로 죽어가는 것을 목격하고 때때로 부조리를 의식하기도 하지만 신의 구원에 재빨리 의탁함으로써 부조리의 긴장을 살아내기를 포기하는 자다. 그런 점에서 파눌루 신부는 부조리의 긴장을 견디지 못하고 희망으로 비약하는 인간의 모델이기도 하다.

『페스트』에서는 부조리의 대립항인 양극단의 두 태도, 즉 (자살과 같이) 포기와 체념으로 페스트에 아무 저항도 하지 않는 자와 (희망으로 비약하여) 신의 구원을 바라며 하늘을 쳐다보는 자가 있으며, 이 두 가지 태도를 거슬러 부조리한 고통에 저항하며 행동하는 자의 태도를 찾아볼 수 있다. 다시 말해, 페스트의 부조리에 대처하는 방식에는 페스트에 압도당해 살기를 포기하는 것, 신의 구원에 기대어 페스트에 저항하는 행동을 하지 않는 것, 끝없이 패배하고 성공하리라는 보장이 없을지라도 페스트/부조리와 싸우며 대항하는 것의 세 가지 태도가 있다. 리유와 타루, 그랑은 세 번째 태도인 반항하는 인간의 전형을 보여주는 주인공들이다. 그리고 파눌루 신부는 두 번째와 세 번째 태도를 오가지만 두 번째 길인 희망으로 비약하는 자다.

## 부조리한 인간의 운명

결국 카뮈는 『페스트』에서 '페스트와 같은 부조리 상황에 대해 어떻게 대응할 것인가?'라는 질문을 던지고, 부조리와 투쟁하며 반항하는 인간의 모델로 그려지는 주인공들을 통해 그 답변을 제시하고 있는 셈이다. 이들은 부조리를 의식하며 각자 자신의 방식으로 부조리의 긴장 안에서 살아가는 사람들이다. 그들은 페스트와 싸우기 위해 신의 구원과 희망에 기대지 않는다. 하지만 신이 없다고 해서, 이 고통의 의미가 없다고 해서 체념하거나 포기하지도 않는다. 끝없이 패배하고 승리를 기약할 아무것도 없지만 그들은 페스트와의 싸움을 포기하지 않고 저항하며 버티어낸다.

부조리와 대결하는 반항하는 인간은 페스트가 있기에 맞서 투쟁했듯이, 부조리한 운명이 진실로 자신의 운명이기에 부조리를 피하거나 기만하지 않고 적극적으로 투쟁하고 반항으로 버티어내며 살아간다. 『페스트』의 주인공들은 부조리의 상황에서 포기하지 말고 쓰러지지도 말고 또한 구원이나 희망으로 비약하기 위해 자신을 속이지도 말고 거기에 머물면서 반항하며 버티어내라는 것, 그것이야말로 우리의 운명과 삶을 진정으로 사랑하는 길이라는 것을 행동으로 보여준다. 그들은 부조리한 자기 운명을 받아들이고 포기도 희망도 아닌 다만 반항으로 자신에게 주어진 삶을 남김없이 살아내는 자다. 그리하여 반항하는 자는 (삶의 의미가 없을지라도) 삶의 열정을 가지고 살아간다. 어떻게 그럴 수 있을까? 어떻게 의미와 희망이 없는데도 그렇게 살 수 있을까? 이것 자체가 부조리처럼 보이지만, 그것이 바로 자신의 운명이기 때문이다. 반항하는 인간은 그런 삶을 자기 운명으로 감내해내는 자다. 그렇게 자신의 운명을 끌어안고 자신과의 약속을 지키는 자다. 이렇게 진실을 살아낼 때, 자신의 삶에 대해 긍정하고 행복에 도달할 수 있다.

# 행복은 진실한 삶으로부터 나온다

## 운명은 자신의 것

카뮈는 반항하는 인간의 전형, 부조리를 의식하는 삶의 전형으로 시지프스를 주목한다. 어김없이 굴러 떨어질 커다란 바위를 또다시 끊임없이 산 정상으로 밀어 올리는 시지프스의 삶을 다시 상기해보자. 『페스트』의 주인공, 리유는 또 한 명의 시지프스다. 페스트와의 끝나지 않을 전쟁에도 불구하고 페스트에 맞서 끊임없이 대항하는 리유는 그 돌이 어김없이 굴러 떨어지더라도 포기하거나 회피하지 않고 또다시 돌을 밀어 올리는 시지프스와 하나의 이미지로 중첩된다. 그는 페스트에 끝없이 패배할지라도, 아무런 구원의 약속이 없을지라도 포기하지 않고 페스트와 투쟁하기를 멈추지 않는다. 그는 우리 안에 페스트가 있고, 페스트가 잠복되어 있다는 것을, 그리하여 비록 지금 치료가 되었더라도 언제 다시 발병할지 알 수 없다는 것도 알고 있다. 이처럼 리유는 부조리를 의식하고 주시하며, 자살로써 포기하거나 헛된 희망을 품거나 자신을 기만함이 없이 다만 페스트/부조리에 저항하며 행동하는 자다.

신이 없기에, 최종적으로 자신의 삶을 심판해줄 신이 없기에, 자기 삶의 이유와 의미가 어디에도 존재하지 않고 보장받을 수 없기에, 오직 홀로 고독하게 이 무의미와 싸우며 부조리한 삶을 버티어내야 하기에, 그리고 희망을 만들어내서라도 구원받으려는 유혹과 자기기만에 빠지지 않고 살아가야 하기에, 부조리를 의식하며 타협하지 않고 살아가야 하기에, 의미와 무의미의 싸움과 긴장을 안고 살아가야 하기에 반항하는 부조리의 인간은 고독하고 긴장 속에서 살아간다.

그리고 부조리의 긴장을 놓치지 않기 위해 늘 깨어 있어야 한다. 부조리를 의식하고 반항을 통해 부조리의 진실을 직시하며 살아가는 것이야말로 바로 자기 삶의 진실을 보여주는 것이다. 아무 대가 없이도 고독한 이 싸움을 지속하는 것은 마치 굴러 떨어지고 말 바위를 다시 정상으로 밀어 올리는 일을 끊임없이 반복해야 하는 시지프스의 운명과 흡사하다. 한순간에 물거품이 될 것을 알면서도 타협 없이 부조리와의 싸움을 계속해나가는 것이야말로 부조리를 의식하는 인간의 반항하는 정신이다.

하지만 반항하는 인간은 자신이 이 지상에서 자기 삶의 주인이라는 것을 안다. 이제 운명은 그의 것이다. 부조리를 의식하며 살아가는 반항하는 인간은 "스스로 자신이 살아가는 날들의 주인이라는 것을 안다". 비록 무의미 속에서 모든 것을 짊어지고 가야 할 책임이 있지만, 동시에 모든 것이 자신에게 달려 있다는 자유와 해방감을 느낀다. 그리하여 부조리한 인간은 반항 속에서도, 부조리의 긴장 속에서도 자신의 운명을 감내하며 남김없이 불사르는 열정으로 살아갈 수 있다. (자살로 포기하지도 않고 구원으로 도피하지도 않으면서) 부조리의 진실을 정면으로 바라보며 자신의 삶을 남김없이 불사르는 것이 부조리의 인간이 사는 방식이다. 그런 삶을 사는 부조리의 인간은 자신의 삶을 긍정하며 결국 죽는 순간에 '모든 것이 잘 되었다'고 말할 수 있다.

그리하여 카뮈는 시지프스가 행복하다고 생각해야 한다고 말한다.

이제 나는 시지프스를 산기슭에 남겨둔다! 우리는 항상 그의 짐의 무게를 다시 발견한다. 하지만 시지프스는 신들을 부정하며 바위를 들어 올리는 한 차원 높은 성실성을 가르친다. 그 역시 만사가 잘

되었다고 판단한다. 이제부터 주인이 따로 없는 이 우주가 그에게는 불모의 것으로도, 하찮은 것으로도 보이지 않는다. (…) 산 정상을 향한 투쟁 그 자체가 인간의 마음을 가득 채우기에 충분하다. 행복한 시지프스를 마음속에 그려보지 않으면 안 된다.

'만사가 잘되었다' '모든 것을 이루었다'는 것은 신의 말, 최종적으로 평가하는 신의 말처럼 들린다. 하지만 반항하는 인간도 부조리라는 어둠과 끊임없이 대결하면서 자기 삶의 진실을 증언하며 살아온 자는 죽음 앞에서 '모든 것이 잘되었다'라고 자신의 삶을 긍정할 수 있다.

반항하는 부조리의 인간은 진실을 똑바로 쳐다보는 자다. 그리고 진실을 알기에 한 차원 높은 성실함을 가지고 삶을 살아가는 자다. 그 진실의 힘에서 행복이 도래한다. 부조리의 철학은 진실과 행복이 분리될 수 없는 한 쌍이라고 말하고 있다. 진실은 부조리의 고통이 아무리 혹독하더라도 그것으로부터 도피하거나 체념하지 않고 자신의 삶을 속이지 않는 것이다. 행복은 이 진실의 힘에서 나온다. 행복은 이 진실을 의식하며 지상에서 최선을 다해 자유롭고 열정적으로 자기 운명을 남김없이 불사르며 살아낸 자의 것이다. 그의 행복은 자기 스스로 내리는 '모든 것이 잘되었다'는 평가 속에 오롯이 담겨 있다.

## 모든 것을 이루는 진실한 삶

그러면 『페스트』의 주인공, 리유는 어떤가? 페스트라는 부조리한 고통에 대항하여 끝없이 투쟁했고, 우정을 키웠으나 마지막 페스트의 열기에 친구를 잃은 리유! 비록 친구를 잃었으나 친구에 대한 추억을 마음속에 간직한 행복한 리유를 그려보게 된다. 친구를 가슴속에 묻은 사람은 더 이상 평화가 없다는 것을 알지라도, 그에게 고통이 없어서가 아니라 쓰라린 고통에도 불구하고 사랑과 우정의 추억을 가진 사람은 행복하다고 말하고 싶다. 그들에게는 찬란하게 빛나는 우정의 순간이 있었고, 그 순간만큼은 부조리에서 해방될 수 있었다. 그리하여 리유는 행복한 우정의 시간과 친구를 잃은 가슴 쓰린 고통이 함께하는 그 추억으로 부조리와 투쟁했던 자기 삶의 진실한 시간을 되찾을 것이기 때문이다.

결국 카뮈는 "부조리한 죽음을 의식하는 진실한 삶을 살라"고 말하고 있다. 그렇게 부조리한 운명을 남김없이 불사르며 진실한 삶을 살 때, 우리는 죽음을 확신하며 '다 이루었다'는 자기 삶의 긍정과 함께 행복에 도달할 수 있다는 메시지를 전한다. 그렇다면 이제 우리는 행복에 대해서 다시 생각해보아야 한다. 사람들은 행복을 삶의 목표로 추구한다지만 오직 행복을 목표로 해서는 그것에 도달할 수 없다. 그런 행복은 실체가 없는 것이다. 우리가 삶의 진실

이전에 행복 자체만을 추구한다면 행복은 신기루와 같이 붙잡을 수 없는 것이 된다. 행복 자체를 추구하기보다, 진실을 바라보며 최선을 다해 살 때 행복은 따라 나온다. 행복이 우선이 아니다. 오히려 행복은 진실한 삶에 뒤따라 나오는 것이다. 카뮈는 죽음 앞에서 '모든 것이 다 잘되었다'고 말할 수 있도록 죽음의 부조리를 의식하며 진실함으로 사는 것의 중요성을 일깨워준다. 이것이 부조리의 철학으로부터 배우는 행복의 개념이다.

또한 카뮈는 천상의 영생을 추구하기보다는 이 지상에서 슬픔과 비애에도 불구하고, 부조리한 고통에도 불구하고 기쁨과 사랑과 우정이 있었고, '그런대로 이 삶이 괜찮았다' '다 잘 이루었다'라고 말할 수 있도록 그런 삶을 살라고 말한다. 죽음 앞에서 '이제 다 이루었다' '내 삶은 그런대로 좋았다' '진실한 내 삶을 사랑한다'라고 말할 수 있는 자는 행복하다. 그런 진실과 자유와 열정으로 삶을 사는 것이 인간으로서 이룰 수 있는 고귀한 삶의 방식이며 행복한 삶이라는 것, 이것이 부조리 철학이 함축하는 것이다.

우리의 삶은 어떤 의미에서 시지프스의 삶과 유사합니다. 여러분이 시지프스와 같은 처지에 놓여 있다면, 어떻게 살아야 할지 생각해봅시다.

# 5장

# 죽음은 자기 삶을 창조하는 힘이다

## 사르트르

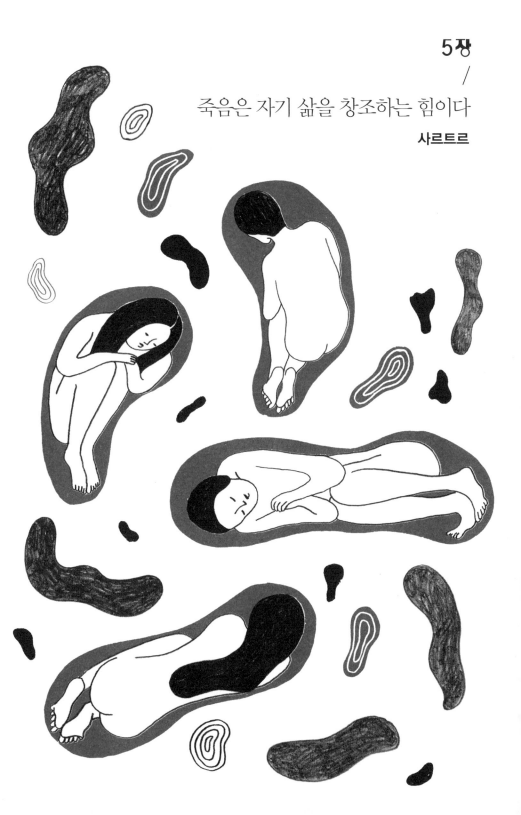

● 　　　　　나와 나를 둘러싼 모든 것이 무의미하다는 생각을 한 적이 있나요? 이유 없이 우연히 있을 뿐이라는 생각을 한 적이 있나요? 이 모든 것들이 이유 없이 생겨나 이유 없이 살다가 이유 없이 죽어갈 존재라면, 나 역시 어쩌다 우연히 존재할 뿐 내가 살아가는 이유도 의미도 없다면, 대체 나는 무엇을 위해 살아야 할까요? 주어진 삶에 대한 나의 의무는 무엇일까요? 사르트르는 다른 누가 요구하거나 강요하는 삶이 아니라, 스스로 자기 삶을 창조하라고, 자기 삶의 저자가 되라고 말합니다. 여러분은 자신의 삶을 통해 가치 있는 무엇을 남기고 싶은가요? 후세에 어떤 사람으로 기억되고 싶은가요? 여러분은 어떤 삶을 창조하고 싶은가요?

# 삶의 부조리는 피할 수 없다

## 부조리의 철학자들

인간은 사는 동안 어떤 형태로든 부조리의 운명을 피할 수 없다. 합리적인 이유나 의미를 찾을 수 없는 불합리한 고통이 얼마나 많은가? 어쩌면 죽음의 씨앗을 안고 태어나는 인간의 존재 자체가 부조리한 것이다. 우리는 삶의 도처에서 부조리를 경험한다. 예를 들어, 세월호 사고처럼 꽃다운 나이의 청춘들이 불의의 사고로 죽는다거나, 찬란한 미래가 보장되는 듯 보이는 한창 나이에 죽을병에 걸리거나, 순진무구한 아기가 극심한 고통으로 죽어가거나, 한 번의 쓰나미에 수백만 명이 목숨을 잃거나, 일생 피와 땀으로 일군 것이 한

순간에 물거품이 되기도 한다. 이처럼 합리적 이유를 찾기 어려운 고통에 시달리거나 삶의 의미를 찾을 수 없다면 우리는 어떻게 해야 하는가? 이 불합리한 삶을 포기해야 하는가? 그럼에도 인간은 죽음을 안고도 계속 살아가야 하듯이, 부조리 속에서도 의미를 부여하며 살아가야 하는 존재다.

대표적인 부조리의 사상가는 카뮈와 사르트르(Jean Paul Sartre, 1905~1980. 무신론적 실존주의의 독자적 방향을 개척하는 데 기여한 프랑스의 작가이자 철학자)다. 두 사람 모두 의미의 원천이나 근거로서 신의 존재를 부정한다. 신이 존재하지 않듯이 우리의 존재 이유도 없다고 본다. 카뮈는 부조리를 '신 없이 존재하는 죄'라고 표현한다. 부조리한 삶은 구원을 기대하거나 내일을 기약할 수 없는 삶이다.

부조리가 우리에게 분명하게 보여주는 것은 바로 내일은 존재하지 않는다는 사실이다.

인간은 태어나면서부터 부조리한 이 세계에 던져졌으며, 그럼에도 불구하고 삶을 개척하며 살아가야 하는 운명을 가진 존재다.

사르트르와 카뮈 모두 인간의 부조리한 운명을 이야기하지만, 그것에 접근하는 방식이나 부조리한 세상에서 어떻게 살아가야 하는지에 대한 입장에는 차이가 있다. 4장에서 살펴보았듯이, 카뮈는 부조리의 발견보다는 부조리의 추론, 즉 부조리로부터 귀결되는 결과에 더 관심을 두었다. 그가 보기에 삶이 부조리하다는 것은 명백한 사실이며, 의식을 가진 인간존재라면 부조리를 모를 리 없다. 그보다 중요한 것은 그러한 부조리의 의식으로부터 우리가 어떤 결론에 도달하는지, 어떤 추론을 할 것인지 하는 것이다. 이처럼 카뮈는 부조리의 경험 자체를 기술하기보다는 부조리의 추론에 관심을 집중한다. 여기에서 그의 부조리 철학의 독창성이 드러난다 (앞 장에서 살펴본 대로, 카뮈의 추론을 따라가보면, 죽음에 관한 부조리의 의식은 고뇌와 긴장에도 불구하고 삶의 열정과 행복한 의식으로 바뀐다).

한편 사르트르는 부조리를 발견하는 과정과 부조리의 경험에 초점을 둔다. 자신의 존재를 비롯해서 존재하는 모든 것의 우연성과 무의미성을 드러내는 부조리의 체험을 기술하는 데 관심을 기울이며, 그것을 구토의 증상으로 표현한다. 『구토』에서는 삶의 부조리에 대한 경험을 주인공을 통해 자세히 기술하고 있다. 이 책의 주인공 로캉탱은 세계의 사물이나 인간에게서 느끼는 구토감을 일기에 기록한다. 그는 구토의 기미를 느끼기 시작하여 구토를 일으키기까지 자신의 내면과 신체의 민감한 반응을 자세히 기술하며 그것을 삶의 무의미와 부조리의 자각으로 연결시킨다.

## 구토, 부조리의 체험

주인공 로캉텡은 아무런 이유도 근거도 없는 존재의 부조리와 삶의 무상성을 깨달았을 때 구토를 느낀다.*

갑자기 그것은 거기에 있었다. (…) 존재가 갑자기 탈을 벗은 것이다. 그것은 추상적 범주에 속하는 해롭지 아니한 자기의 모습을 잃었다. 그것은 사물의 반죽 그 자체이며, 그 나무의 뿌리는 존재 안에서 반죽된 것이다. 또는 차라리 뿌리며, 공원의 울타리며, 의자며, 풀밭의 듬성듬성한 잔디며, 모든 것들이 사라졌다. 사물의 다양성, 그것들의 개성은 하나의 외관, 하나의 껍데기에 불과했다. 그 껍데기가 녹은 것이다. 괴상하고 연한 무질서한 덩어리 — 헐벗은, 무시무시하고 추잡한 나체 덩어리만 남아 있었다.

우리는 너나없이 누구나 거기에 있을 이유가 조금도 없다 (…) 서로 불필요한 여분의 존재다. (…) 존재란 단지 우연히 거기에 있는 것이다. (…) 나 역시 공연한 존재였다. (…) 그 공연한 존재의 최소한 하나라도 소멸시키기 위해 자살이나 할까 막연히 생각해보았다. 하

---

* 장 폴 사르트르, 『구토』, 강명희 옮김, 하서출판사, 2014. 여기에서 인용한 부분은 이 책에 근거한 것이다.

지만 나의 죽음 자체가 공연한 것이었을 것이다. (…) 존재는 필연이 아니다. 존재란 단순히 '거기에 있다'는 것이다. 그것은 완전한 무상인 것이다. 모든 것이 무상하다. 이 공원, 이 도시, 그리고 나 자신도 무상하다. (…) 그것들은 완전히 무상한 존재, 형체가 없고 막연하고 서글픈 존재인 것이다. (…) 존재하는 모든 것들은 이유 없이 탄생해서 연약하게 목숨을 유지하다 우연한 계기에 의해서 죽는다.

나는 그 거창한 현존을 꿈꾸었던 것일까? 그것은 공원 위에 자리 잡고, 나무들 속에 전락해서 거기에 있었다. 아주 물렁하고 무엇에나 달라붙고, 아주 짙어서 잼 같았다. (…) 나는 무서웠다. 하지만 나는 무엇보다 화가 났다. 나는 그 흐물거리는 흉측한 것이 싫었다. 그것이 거기에 있었다. 거기에 끈적이는 무형의 덩어리가 무엇에나 달라붙어 있었다. (…) 나는 부빌르에 있지 않았고 아무 데도 있지 않았다. 나는 떠다니고 있었다. 나는 그것이 곧 갑자기 나타나는 발가벗은 '세계'라는 것을 잘 알고 있었다.

로캉탱은 존재가 뒤집어쓴 탈과 껍데기를 벗자 그것의 실체를 보게 된다. 존재의 외관이 녹아들자 발가벗은 존재가 드러난다. 그것은 무질서하게 흐물거리는 반죽 같은 나체 덩어리다. 나무며, 학교며, 공원이며, 책이나 연필 등 우리 주위에 있는 모든 것들이 사라졌다. 우리가 알고 있던 기호나 이름 붙일 수 있는 다양한 사물들은 아무 의미도 없는 껍데기에 불과하다. 사물의 다양성은 사라지고 무형의 한 덩어리가 흐물거리는 잼처럼 아무 데나 달라붙어 있다. 로캉탱은 자신을 포함하여 이름 붙여진 온갖 사물들이 존재의 껍데기일 뿐이며, 거기에 있는 것은 더러운 무형의 반죽 덩어리라는 것을 알게 된다. 그는 형태 없이 끈적이는 잼처럼 아무 데나 달라붙는 존재의 덩어리로부터 자신을 떼어내고 싶어도, 자신도 그것들과 마찬가지로 우연하고 무의미하며 공연한 존재라는 것을 깨닫는다. 형태 없이 무질서하게 엉겨 붙은 덩어리인 존재 세계에서 더 이상 나라는 존재는 없다. 자신이 거주하던 부빌르라는 도시도 없고 자신 또한 어디에도 없다.

로캉탱은 모든 존재들이 부조리하고 형태가 일그러진 벌레로 보이며 구토를 일으킨다. 그리고 그 흐르는 무형의 애벌레가 존재하는 데 '아무 이유'가 없듯이 자신이 존재하는 데에도 아무 이유가 없다는 것을 깨닫는다. 즉, 존재하는 모든 것들은 존재할 이유 없이 존재한다. 바로 이것이 부조리다. 의자며 연필이며 마치 의미가 있는 듯이 우리가 이름 붙인 모든 것들도 존재의 껍데기에 불과하다. 그것들은 아무 의미도 이유도 없는 우연하고 공연한 존재들이다. 마찬가지로 나의 존재도 나의 삶도 아무런 이유나 의미가 없다. 껍데기를 벗은 존재는 흐물거리는 벌레처럼 흉물스러운 나체 덩어리

일 따름이다. 『구토』의 주인공 로캉탱은 인간은 무의미하고 부조리한 이 세계 안에 우연히 던져진 존재라는 것을 깨닫고 절망을 느낀다. 동시에 이름과 형태도 부여할 수 없는 흐물거리는 잼이나 벌레처럼 여기저기 들러붙은 발가벗은 존재를 대면하고 자기 존재의 부조리를 깨닫게 되자 구토를 일으킨다.

# 그럼에도 불구하고 살아간다는 것

## 삶의 의미와 가치를 창조하라

우리는 한순간에 삶이 무(無)로 돌아가버리는 불합리한 부조리의 상황을 어떻게 극복할 수 있는가? 존재와 삶의 부조리를 어떻게 이해하고 어떻게 대응할 것인가? 나아가 존재 이유도, 살 이유도 없다면 어떻게 살아야 하는가? 삶의 부조리에도 불구하고 어떻게 삶의 의미를 부여하고 살아갈 것인가? 구원이 없는 이 세계에서 인간은 어떻게 살아갈 수 있는가?

『구토』에서 사르트르는 존재와 삶의 부조리함 때문에 모든 것이 낯설게 느껴지는 경험을 통해 존재의 의미에 문제를 제기하고 있다. 통상적으로 받아들이는 인습적인 가치가 아무 근거 없는 것이며 우리가 의미를 부여하던 것들이 모두 무의미해지는 순간, 더 이상 아무 의미를 찾을 수 없을 때 주위의 모든 것들이 낯설게 느껴진다. 이것이 부조리의 경험이다. 사르트르는 이런 느낌을 '구토'로 표현한다.

카뮈와 유사하게 삶의 부조리를 경험했던 사르트르는 삶의 무의미함 속에서도 의미를 부여할 수 있는 또 다른 길을 제시한다. 카뮈가 타협 없이 부조리의 긴장 속에서 반항으로 버티어내는 것을 강조했다면, 사르트르는 보다 적극적으로 자기 삶의 의미를 창조할 것을 요청하고 있다. 의미는 주어진 것을 발견하는 것이 아니다. 왜냐하면 그런 것은 없기 때문이다. 이 점에서 카뮈와 사르트르는 같은 입장을 취한다. 다만 카뮈가 인생이 의미가 없다는 것을 의식하면서도 (반항하는 의식으로) 그 삶을 남김없이 불사르며 열정적으로 살아내는 것을 강조했다면, 사르트르는 스스로 삶의 의미를 창조하는 자기 삶의 저자가 되라고 말한다. 더 이상 신이 존재하지 않는 세계에서, 삶의 의미는 신에 의해 주어지는 것이 아니기에, 인간 스스로 자기 삶의 의미와 가치를 창조해야 한다고 강조한다.


자신의 경험을 일기로 써내려가던 로캉탱은 삶의 부조리를 체험한 후, 자기 존재 이유는 물론 살아야 할 이유나 의미도 찾지 못한 채, 자신이 살던 도시와 구원이 없는 삶을 떠나려고 준비한다. 그의 일기가 끝나는 마지막 날에 이르러, 그는 뜻밖의 경험으로 삶의 무의미함 속에서 구원의 길을 찾는다. 자신이 머물던 도시를 떠나는 날 들른 카페에서 음악을 듣다가, 그 곡을 만든 작곡가와 그 노래를 부른 가수의 삶에 대해 생각하게 된다. 그들이 지구 어딘가에서 이미 죽었을지도 모르지만 생생한 음악과 연결되어 그들의 삶의 모습이 되살아나면서, 그 순간 그는 그들이 '구원'받았다고 생각한다.

내가 그 노래를 듣고 그것을 만든 것이 그 친구라는 것을 생각할 때, 나는 그의 괴로움, 그의 땀을 느끼며 (…) 감동적이라고 생각한다. (…) 나는 그 친구에 대해서 무엇인가 알고 싶다. (…) 그가 그것을 만들었기 때문이다. (…) 그래도 두 사람은 구원되었다. (…) (아마도 그들은 존재 속에 빠져서 헤어날 수 없다고 생각했을 것이다. 그런데 내가 그들에 대해서 감동을 느끼고 다정하게 생각하는 만큼, 아무도 나에 대해서 그렇게 생각해주지 않는다. 그들 작곡가와 가수는 (…) 마치 소설의 주인공 같다.) 그들은 (무의미하게) 존재한다는 죄악으로부터 몸을 씻었다.

그때 로캉탱은 존재 이유가 없고 정당화될 수 없었던 자신의 존재, 여분의 존재 같던 자기 존재가 일말의 희망을 가질 수 있다는 기쁨을 느낀다. 무의미한 삶에 의미를 부여할 수 있는 구원의 길을 찾은 것이다. 그가 깨달은 것, 무의미 속에 의미를 부여할 수 있는 길은 무엇인가? 그는 자신이 언젠가 죽어서 사라지더라도, 누군가가 자신의 삶에 대해 생각하며 자신이 한 일을 통해 그들의 생각 속에서 살아난다면 그것은 의미 있는 것이라고 생각한다. 적어도 그런 삶이 '부럽다'고 느낀다. "누군가 나에 대해서 다정하게 생각해준다면 나는 기쁠 것이다." 그는 책을 쓰기로 결심한다. "강철처럼 아름답고 굳어야만 하며, 사람들로 하여금 생각 없이 살아가는 자신의 존재에 대해서 부끄러워하도록" 깨우칠 수 있는 소설을 쓰기로 결심한다.

> 내가 쓴 소설을 읽고 나서, (내가 음악을 들으며 그 작곡가와 가수를 생각하듯이) 사람들은 나의 생애에 대해 생각할 것이다. (…) 그 책이 완성되고, 내 뒤에 그것이 남을 때가 반드시 올 것이다. 나는 그 책의 조그만 빛이 나의 과거 위에 떨어질 것이라고 생각한다. 그때 아마도 나는 그 책을 통해서 나의 생활을 아무 혐오감 없이 회상할 수 있으리라.

그렇게 되면 그는 자신의 삶을 가치 있게 긍정적으로 받아들일 수 있을 것이라고 생각한다. 삶의 부조리와 무의미함 속에 의미를 부여하는 사르트르의 방법은 분명하다. 타인의 마음속에 영원히 남을 의미를 쓰는 것이다. 자신이 죽어 이 세상에서 사라지더라도 누군가가 자신의 삶의 행적을 떠올리며 의미 있게 생각할 수 있다면, 또 그들을 깨우칠 수 있도록 의미 있는 영향을 줄 수 있다면, 우리는 그들의 생각 속에서 되살아나는 것이며 그리하여 영원한 의미와 더불어 구원을 얻을 수 있으리라. 즉, 비록 우리가 결국에는 죽을지라도 죽음으로써 모든 것이 무로 돌아가는 것이 아니라, 우리가 살아간 행적이 (적어도 가치 있는 만큼은) 죽음 이후에도 다른 사람들의 생각과 삶 속에 살아남을 것이다. 그렇다면 그만큼 우리는 가치 있는 삶을 살아야 할 이유가 생긴 것이다. 또한 각자 자신의 삶의 이유와 의미를 찾아야 할 의무가 있는 것이다.

## 자기 삶의 저자가 되어라

삶은 무의미하고 삶에 주어진 의미는 없지만 우리는 삶의 의미를 스스로 만들어나갈 수 있는 자유와 그렇게 해야 할 의무가 있다. 우리는 각자 자신의 삶을 창조하는 '자기 삶의 저자'가 되어야 한다. 이것은 "실존은 본질에 앞선다"는 실존주의 명제의 의미이기도 하다. 즉, 우리가 어떤 존재인지는 미리 정해지거나 주어진 것이 아니다. 우리가 살아가는 삶을 통해 우리는 어떤 존재가 되어간다. 우리 자신이 누구인지, 어떤 존재인지는 우리의 선택과 행위에 달려 있는 것이다. 이렇게 "자기 삶의 저자가 되어라"라는 사르트르의 말은 인간에게 자유와 사명을 동시에 부과한다. 이러한 사명을 자각하는 인간은 스스로에게 묻게 된다. '어떤 삶을 살 것인가? 자신이 죽은 후에 무엇이 가치 있게 남을 것인가? 혹은 후세에 다른 사람의 기억 속에 무엇을 남기고 싶은가? 어떤 사람으로 기억되고 싶은가? 자신이 살고 싶고 창조하고 싶은 삶은 어떤 것인가?' 이런 물음을 추구하며 자기 삶을 창조하라는 요구는 자기 삶을 읽게 될 독자를 생각하며 그들에게 감동과 영향을 줄 수 있는 삶을 살아야 한다는 요청이기도 하다. 이처럼 자신의 존재 이유가 없다는 부조리의 체험에도 불구하고, 인간은 자기 존재에 대해 스스로 책임지고 자신의 존재 의미를 창조해나가야 하는 사명을 가진 존재임을 깨닫는 것이 중요하다.

# 자유와 책임

## 부조리를 자각하는 인간의 의식

『구토』의 부조리 체험과 그것을 극복하는 과정을 보다 잘 이해하기 위해서는 사르트르의 사상이 담긴 그의 저서 『존재와 무』를 살펴볼 필요가 있다. 사르트르는 그 책에서, 이 세상에 존재하는 것들을 사물존재와 의식존재 두 종류로 구분한다. 이 구분은 의식이 있는지 여부를 기준으로 한 것으로, 사르트르는 전자를 '즉자(卽自)'로 후자를 '대자(對自)'로 규정한다. 이처럼 존재는 의식 없는 사물존재(즉자)와 의식 있는 존재(대자)로 구분되는데, 인간은 사물존재이면서 동시에 의식존재라는 특수한 존재 방식을 가진다. 인간 이외의 다른 존재는 의식 없이 그냥 거기에 존재하는 사물존재다. 인간의 신체는 자연의 일부로서 사물존재의 양식에 속하지만, 의식으로서는 자기를 세상 안의 다른 존재들로부터 분리시켜 그것들과 마주서는 '대자'의 양식으로 존재한다. 즉, 다른 대상에 대해 생각하고 의식하는 존재다. 그리하여 인간은 단지 사물이 아니며, 사물과 달리 의식을 가진 존재이기도 하다. 바로 이것이 인간을 다른 사물과 구분해주는 특징이기도 하다.

사르트르의 주요 사상인 사물존재와 의식존재의 구분과 연관 지어 이 텍스트를 다시 조명해보자. 존재의 부조리를 체험하며 삶의 무상성에 절망을 느끼는 『구토』의 전반부와 대조적으로, 텍스트의 말미에 이르면 삶의 의미와 가치를 찾는 희망과 구원의 분위기로 바뀐다. 즉, 사르트르는 이 소설의 전반부에서 매우 강한 허무주의적 세계관의 입장을 세운 뒤에, 후반부에서는 의식존재로서의 인간에게 주어진 자유와 책임의 길을 강조한다.

그런데 이런 전환의 중심에 놓인 것은 부조리를 자각하는 인간의 의식이다. 나의 존재 이유가 없다는 부조리에 절망하는 것도, 그것으로부터 벗어나 희망을 찾으려고 시도하는 것도 의식이 있기에 가능하다. 또한 무질서하고 형태 없는 나체 덩어리인 사물존재로부터 자신의 위상을 분리시키는 것 역시 인간의 의식이다. 의식이 없이는 부조리를 자각하거나 존재의 실체를 깨닫고 구토감을 느끼지도 못할 것이다.

이제 『구토』의 주인공이 체험한 구토의 정체에 대해 다시 생각해보자. 그것은 일차적으로 부조리 체험에 대한 신체적, 생리적 반응이다. 하지만 구토에는 이중적 의미와 역할이 있다고 보아야 한다. 첫째는 생리적 반응이다. 주인공은 발가벗은 존재 앞에서 "흐물거리는 벌레 같은 징그러움"에 구역질로 반응한다. 둘째는 존재론적 반응이다. 구토는 자신을 의식하며 자기 존재의 무의미를 자각하는 자의 반응이다. 그것은 "나도 흐물거리며 떠다니는 벌레라는 자각"이며 자신의 존재는 우연적이고 무의미하다는 자각에서 오는 반응이다. 결국 자기 존재에 관해 구토를 느끼는 것, 존재의 부조리와 삶의 무의미에 구토를 일으킬 수 있는 것은 그것을 의식할 수 있는 존재이기에 가능하다. 바위나 의자같이 의식이 없는 사물은 부조리를 느낄 수 없다. 의식존재이기도 한 인간만이 자기 존재를 의식할 수 있고 부조리를 느낄 수도 있으며, 그리하여 구토를 느낄 수 있다.

이처럼 인간은 의식 없는 사물존재와 구분되는 자기의식을 가진 존재다. 그런데 그 의식의 핵심은 존재의 무의미와 부조리를 자각하는 의식인 동시에 자기 존재의 이유 없음을 깨닫고 절망을 느끼는 의식이라는 것에 있다. 동시에 이러한 의식을 가진 인간에게만 부조리에도 불구하고 살아갈 이유를 찾는 자유존재의 가능성이 열려 있다. 그런데 사르트르에게서 자유는 희망의 실마리인 동시에 피할 길 없는 무거운 책임을 동반하는 것이다. 즉, 의식 있는 존재로서 인간은 주어진 현실에서 도피하지 않고 자기 삶을 창조할 자유를 행사해야 하는 동시에, 그에 대해 전적인 책임을 짊어져야 하는 운명을 가졌다. 자유는 의식존재로서 피하고 싶어도 피할 수 없는 인간의 운명으로 주어진다.

의식이 없는 존재는 부조리를 경험할 수 없다는 점에서, 카뮈의 부조리한 인간의 상황도 이와 유사하다. 만일 의식이 없다면 인간은 자신이 부조리하다는 것을 자각하지 못한다. 의식 없는 사물들처럼 생각 없이 존재할 뿐이다.

마찬가지로 의식이 없다면 시지프스의 반복되는 무의미한 노동도 부조리하지 않다. 그가 비극적인 부조리의 영웅인 것은 그가 의식이 있는 한에서 그렇다. 그가 자신의 무의미한 노동을 의식하지 못한다면 거기에 비극은 없으며, 시지프스의 반복되는 노동은 의식 없는 로봇이 기계적으로 무한 반복 운동을 하는 것과 다를 바 없다. 의식 없는 기계는 부조리한 상황을 깨닫지 못하며, 그리하여 우리는 그런 기계를 부조리한 존재로 보지 않는다.

어쩌면 무의미한 노동을 반복하듯 살아가는 현대인들도 마찬가지다. 그것을 의식한다면 삶의 부조리를 자각하겠지만 자기의식이 없다면 부조리도 없다. 의식이 없는 자는 비극을 모른다. 부조리도 모른다. 사물이나 로봇처럼 자동적으로 반응할 뿐이다. 하지만 인간은 의식을 가진 존재이기에, 비록 생각 없이 반복되는 일상의 삶을 살아가다가도 자기 성찰을 가로막던 장막이 벗겨지면 문득 삶의 무의미와 부조리를 목도하게 된다. 그렇게 삶의 부조리를 자각할 때 인간은 삶의 의미를 묻게 된다. 어쩌면 대부분의 인간은 삶의 의미 물음을 상기하거나 망각하는 두 지점을 오가면서 살아가는지도 모르겠다.

## 인간의 자유와 사명

카뮈와 마찬가지로 사르트르도 '신이 존재하지 않는 세계에서 인간은 어떻게 살아야 하는가?'를 묻는다. 신이 없는 세계에서 모든 것이 우리에게 달렸다고 보는 점에서 둘은 같다. 사르트르는 신이 부여한 의미는 아닐지라도, 우리가 가치 있게 살아간 만큼은 우리 삶이 가치 있고 의미가 있다고 본다. 그러니 자신의 삶을 가치 있는 것으로 창조하라고, 자기 삶의 저자/창조자가 되어 '불후의 명작을 쓰는 것'에서 삶의 의미를 찾을 수 있다고 말한다.

이처럼 사르트르는 인간이 스스로 적극적으로 자기 삶의 가치와 의미를 창조하는 삶을 권장한다. "자기 삶의 저자가 되어라!" 자기 삶의 저자가 된다는 것은 자신의 삶을 창조할 자유와 더불어 그것에 대해 전적으로 책임을 져야 할 의무를 포함한다. 이러한 실존주의는 인간 존엄성을 부여받은 휴머니즘이라기보다는, 오히려 철저하게 버려진 무상하고 무의미한 존재로서의 인간에서 출발하고 있다. 그러기에 자신을 스스로 창조하고 스스로 의미를 부여하고 그렇게 해야 할 의무를 가진 존재라는 점에서 자기 삶에 철저한 책임을 짊어진 비장한 인간의 자유를 그리고 있다.

이와 같이 무신론적 실존주의는 신이 부재한 자리에 인간을 세운다. 그 창조자의 자리에 선 인간의 자유는 이중적이다. 존재의 부조리에도 불구하고 스스로 의미를 부여하며 살아가야 할 자유와 책임이 부과된다. 자기 삶의 가치와 의미를 창조해나갈 수 있는 자유와 동시에 자신의 삶에 대해 전적으로 부과되는 책임을 받아들여야 한다. 인간은 이러한 자유와 책임으로부터 도피할 수 없다.

이제 모든 것은 인간에게, 그리고 자신에게 달렸다. 하지만 그 자유는 결코 가볍지 않다. '신이 없는 세계에서 성인이 되는 길'을 추구하는 자유, 의미와 가치를 스스로 부여할 수 있는 자유, 즉 신 없이 구원받아야 하는 자유를 행사해야 할 막중한 의무가 뒤따르기 때문이다. 이것이 카뮈와 사르트르로 대표되는 무신론적 실존주의가 말하는 인간의 자유와 사명이다.

무신론적 실존주의는 이렇게 부조리와 무의미 속에서도 의미를 부여하는 길을 찾는다. 카뮈와 사르트르 둘 다 삶의 무의미성에 (반항도 일종의 의미라면) 의미를 주고자 시도한다는 점에서 유사하게 보인다. 다만 카뮈가 적극적으로 의미를 찾으려고 하기보다는 반항으로 버티며 부조리를 감내하는 것을 강조했다면, 사르트르는 자유를 개인 삶의 창조로 연결시켜 각자 자기 존재의 고유한 의미를 창조하도록 강조하고 있다. 여기에는 공통적으로 삶의 부조리나 무의미함에 맞서 살아가는 개인의 자유와 주체성이 요구되고 있다. 그들은 절망적인 무의미함 속에서 체념하지 않고 의미를 일구어내는 주체의 강하고 자유로운 정신을 요청하며, 신이 없는 세계에서 존재의 부조리를 의식하는 인간이 나아갈 길을 제시하고자 했다.

사물과 달리 인간은 무언가에 대해 생각하고 의식하는 존재입니다. 인간만이 삶의 가치와 의미를 묻습니다. 인간의 고유한 특징으로 '자기 삶의 의미를 묻는 것'과 '의식을 가진 존재라는 것' 사이에는 어떤 관계가 있는지 생각해봅시다.

6장

/

사랑은 죽음의 한계를 넘는다

톨스토이

● 　　　　인생의 의미를 찾기 위해 모든 것을 버리고 구
도의 길을 걸었던 성인들이 있습니다. 그들이 구했던 물음의
답 가운에 가장 중요한 것은 사랑입니다. 부처의 자비, 공자의
인, 예수의 사랑 등은 사람들의 고통에 대해 함께 아파하고 그
것을 치유하려는 사랑에 뿌리내리고 있습니다. 톨스토이는 자
기 삶을 걸고 인생의 의미를 구하는 과정에서 신의 법칙인 사
랑의 원리에 도달합니다. 그에게 신은 바로 사랑의 원리 이외
의 다른 것이 아닙니다. 이 길을 찾아가는 톨스토이의 여정을
함께 따라가볼까요?

# 삶의 의미 문제와 씨름하기

## 나는 무엇을 위해 살고 있는가?

삶의 의미 문제는 인간이라면 누구나 묻게 되는 물음이다. 우리는 왜 살아야 하며, 어떻게 살아야 하는가? 우리가 언젠가는 죽어서 흔적 없이 사라지고 무(無)의 상태로 돌아간다면, 지금 여기에서 무언가를 추구하며 사는 것이 과연 무슨 의미가 있는가? 우리의 존재 의미는 무엇이며, 우리가 살아가는 이유나 살아야 할 이유는 무엇인가? 즉, 삶의 의미란 무엇인가? 우리는 평소에 이런 의문을 잘 갖지는 않을지라도, 진정으로 이런 물음에 사로잡히게 되면 어찌할 바모르는 혼란을 느끼게 된다. 그 물음은 답을 찾을 길 없는 당혹감에 우리를 빠트리기 때문이다. 즉, 자신은 마치 죽지 않을 것처럼 이 세계에서 무언가를 추구하며 살아가지만, 그 물음은 자신이 추구하는 모든 것들이 죽음과 더불어 사라지고 의미를 잃게 되리라는 것을 암시하기 때문이다. 그리하여 대체 자신은 무엇을 위해 살고 있는지 자신의 삶의 이유와 의미에 대해 회의와 의문을 일으키게 된다.

이러한 문제 상황을 가장 극적으로 보여주는 텍스트는 톨스토이 (Lev Nikolayevich Tolstoy, 1828~1910. 19세기 러시아 문학을 대표하는 세계적인 문호이자 소설가)의 『참회록』이다. 톨스토이의 『참회록』을 보면, 그는 인생의 어느 순간에 의미의 물음에 사로잡히고 삶의 모든 의미와 가치를 잃어버린다. 의미의 위기를 경험하면서 우울증과 자살 충동에 시달리는 등 삶의 위기에 직면한다. 톨스토이의 『참회록』은 이런 상황에서 그가 어떻게 의미의 문제와 치열하게 씨름했고 그 과정에서 어떻게 위기를 극복하게 되었는지를 기술한 책이다.*

## 톨스토이가 제기한 의미의 문제

톨스토이는 의미의 위기를 겪기 이전에는 누구나처럼 가족애, 명

---

* 레프 톨스토이, 『참회록』, 박형규 옮김, 범우사, 1998. 여기에서 인용한 부분은 이 책에 근거한 것이다.

예, 부, 예술 작품의 창작과 같은 가치들을 추구하며 거기서 인생의 의미를 찾았다. 그는 그 모든 것들을 성취했으며 소위 성공적인 삶을 살고 있었다. 하지만 톨스토이는 오십을 바라보는 나이에 접어들어 어느 순간 이 모든 것이 가치를 상실하고 무의미해지는 의미의 위기를 체험한다. 자신이 이룩한 모든 것들이 무의미해졌고 더 이상 삶의 의미를 찾을 수가 없었다. 그리하여 그는 자살 충동과 우울증에 시달리는 삶의 위기에 처하게 된다.

톨스토이가 사로잡힌 의미의 문제는 세상 사람들이 가치 있다고 여기는 부나 명예와 같은 것으로는 해결될 수 없는 것이었다. 그런 가치 자체가 그에게는 무의미해졌기 때문이다. 그러면 대체 톨스토이가 직면한 삶의 의미 문제란 무엇인가? 그가 처한 의미의 위기는 어떤 성격의 것인가? 그것은 어떤 욕구가 충족되지 못해서 오는 당혹감이나 문제가 아니다. 왜냐하면 톨스토이는 그 모든 욕구(명예, 부, 창작, 가족애 등)가 다 성취되었음에도 불구하고 그것들이 무의미하게 여겨졌기 때문이다.


착한 아내와 아이들, 재산, 존경과 칭찬, 명성, 건강 이 모든 것을 소유했으나 이것들은 삶에 의미를 주지 않는다. (…) 그 무엇도 내가 살아가야 하는 것에 대해, 즉 내 생활 전체와 내가 하고 있는 그 어떤 행위에도 합리적 의의를 부여할 수 없다. 언제든지 죽음이 내가 사랑하는 사람들과 나 자신을 덮칠 것이다. 나라는 존재는 완전히 없어질 것이다. 그런데 무엇을 위해 살아갈 것인가? (…) 사람이란 삶에 도취해 있는 동안에만 살아갈 수 있는 것이다. 하지만 거기에서 깨어나는 순간 그 모든 것이 다 기만이고 어리석은 미망에 지나지 않는다는 것을 인정하지 않을 수 없다.

그가 제기한 삶의 의미 문제는, 인간은 죽을 수밖에 없는 존재이며 그리하여 그가 쌓아 올린 모든 것이 결국 헛된 것이라는 사실로부터 제기되는 문제라는 것이 드러난다. 그는 죽음을 의식하면서 자신이 맹목적으로 추구해온 모든 가치들이 덧없고 허무하며, 인간의 삶 자체가 무의미하다는 것을 자각하게 된 것이다.
톨스토이는 죽음에 처한 인간의 상황을 비유한 동양의 우화를 통해 자신의 삶과 죽음을 성찰한다.

한 나그네가 맹수의 습격을 피해 마른 우물 속으로 뛰어들었다. 그때 그는 우물 틈 사이로 뻗어 나온 나뭇가지에 매달리게 되었는데, 그 우물 바닥에는 그를 삼키려고 용이 큰 입을 벌리고 있다. 우물 밖에는 맹수가 있어서 나갈 수도 없고 바닥으로 내려갈 수도 없어서 그대로 나뭇가지에 매달려 있는데 두 마리 생쥐가 그 나무의 뿌리를 갉아대기 시작했다. 그는 죽음에 떨어지는 것이 피치 못할 일이라는 것을 깨달았다. 그런데 그 순간에도 주위 나뭇잎사귀에 매달린 꿀을 발견하고 혀를 내밀어 핥았는데 황홀한 맛이었다.

톨스토이가 인용하는 이 우화는 불교 경전에 나오는 비유다. 톨스토이는 이 죽음의 비유를 성찰하며 피할 수 없는 인간의 죽음에 절망한다.

죽음(입을 벌린 용)에 대한 공포를 줄여주던 생의 기쁨(달콤한 꿀)이라는 기만은 이제 더 이상 나를 속일 수 없게 되었다. (…) 이제 나는 끊임없이 나를 죽음으로 이끌고 달려가는 낮과 밤(내가 매달려 있는 나뭇가지를 갉아대고 있는 두 마리 쥐)을 목격하지 않을 수 없다. 나는 이것만 지켜보고 있다. 왜냐하면 이것(죽음)만이 유일한 진리이고 그 외의 것은 모두 기만이기 때문이다.

톨스토이는 죽음을 목전에 두고 자신의 삶과 행위들의 궁극적인 의미나 결과가 무엇인지 묻는다. 그리고 이 물음에 대한 답변 없이는 삶을 지속할 수가 없다는 것을 고백한다. 삶과 죽음의 의미도 깨닫지 못한 채 부와 명예를 좇아 행동하고 살아가는 것은 자신이 죽는다는 사실을 망각하거나, 죽음을 목전에 두고서도 오직 달콤한 꿀을 탐닉하는 것처럼 덧없고 어리석은 짓이기 때문이다. 죽음이라는 진리를 외면하고 성취한 것들은 아무 의미도 없으며 결국 죽음과 함께 사라질 덧없는 것에 불과하다.

이제 죽음 앞에서 톨스토이가 직면한 의미의 문제는 톨스토이만의 문제라기보다는, 죽음의 조건을 지닌 모든 인간에게 제기될 수 있는 문제이며, 이 세상에서 얼마나 성공했는지 여부와 상관없이 인간이면 누구나 직면할 수밖에 없는 보편적이고 근원적인 문제라는 것이 드러난다. 그렇다면 톨스토이의 의미의 위기는 우리 모두의 의미의 위기인 셈이다. 그 문제는 그에게만 해당하는 개인적인 것이 아니라 유한한 인간의 실존적 상황과 조건을 반영하는 일반적이고 객관적인 문제다. 톨스토이의 의미 위기는 구체적이고 역사적인 사례지만, 모든 인간 실존이 불가피하게 직면하는 문제라는 점에서, 삶의 의미 문제는 인간 누구에게나 해당되는 보편적인 문제다. 또한 이 문제는 이 세계에서 추구하는 성공, 명예, 부, 가족 우애 등의 가치를 얼마나 성취했는가에 상관없이 죽음의 조건 앞에서 이 모든 것의 가치와 의미를 문제 삼는다는 점에서 근원적인 문제다.

# 유한한 인생의 영원한 의미를 찾아서

## 죽음을 극복하는 영원한 의미

톨스토이는 의미의 문제를 해결하기 위해 기존의 사고와 사상과 탐구 방식 등 모든 것을 재검토하기로 결심한다. 톨스토이는 우선 자신의 사고와 자신이 확신했던 지식과 사고 체계를 전반적으로 점검한다. 삶의 의미나 살아야 할 이유에 대해 인간이 탐구해온 지식의 모든 분야에서 답을 찾기 시작한다. 하지만 그가 품었던 의문, '왜 나는 사는가? 왜 나는 무언가를 추구하며 또 무언가를 하는가? 즉, 나의 행위와 삶의 이유나 의미는 무엇인가?'라는 물음에 대해 모든 분야의 지식을 탐구하고 검토했으나 어디에서도 인생 문제의

답은 찾지 못했다. 수학으로부터 형이상학에 이르기까지, 심리학, 생리학, 생물학, 사회학, 법학, 철학의 여러 입장들을 모두 검토한후, 이들 지식의 분야는 삶의 의미 문제를 진정한 문제로 간주하지않거나, 혹은 문제의 존재를 인정하더라도 대답은 하지 않거나 하지 못한다는 것을 알게 된다. 톨스토이는 사고의 단계마다 모든 가능한 대안들을 검토한 결과 삶이 무의미하다는 결론에 도달한다.

하지만 톨스토이는 부지런히 일하며 삶의 문제에 해답을 얻은듯이 살아가는 수십억 참된 민중들의 삶을 떠올리면서 자신의 사고 과정에서 무엇인가 빠트린 것이 있다고 확신한다. 그리하여 모든 영역의 탐구를 거쳐 도달한 최종 결론이 "삶은 무의미하다는것"이라면 자신이 미처 생각하지 못한 것이 무엇인지를 묻고 반성한다.

이 문제의식은 톨스토이를 탐구 영역의 내용에 대한 점검으로부터 탐구의 방법에 대한 반성으로 인도해주었다. 이제 톨스토이는세계에 대해서가 아니라 세계에 대해 생각하는 자신의 방식을 검토하기 시작한다. 다시 말해, 세계에 대해 생각하는 자신의 사고방식과 그것이 전제하는 것, 즉 모든 지식은 이성에 근거해야 한다는것에 의문을 제기한다. 그리고 과학과 이성의 한계에 대한 자각과인식은 톨스토이가 당연시했던 과학적 세계관이나 이성적 진리관에 대해 의문을 제기하도록 만든다. 예전에는 의심한 적이 없었지만, 이제 이성적 사고와 탐구 방식이 과연 이 문제(즉, 의미의 위기 문제)에도 적합한 것인지를 반성하게 된 것이다. 또한 과학적, 이성적 방법이 적용되는 범위와 한계에 대해 묻게 된 것이다. 그리고 이성의 한계를 벗어나는 영역에 이성적 방법을 적용한다면 과오를 범하게 된다는 것을 자각하게 된다.

　합리적 지식의 추리 과정을 검토한 나는 그것이 철두철미 옳다는 것을 발견했다. 인생이 무의미하다는 결론은 도저히 피할 수 없는 것이었다. 하지만 나는 거기에서 하나의 과오를 발견한 것이다. 다름이 아니라 나는 내가 제기한 문제에 적합하지 않은 사고의 방법을 쓰고 있었던 것이다. 여기에 잘못이 있었다. 왜 나는 살지 않으면 안 되는가? 내가 사는 이유는 무엇인가? 다시 말해서 어떻게 이 환영처럼 덧없이 순식간에 소멸될 내 삶에서 참되고 불멸인 그 무엇이 생기는가? 이 무한계에서 유한한 내 존재가 어떤 의미를 갖는가? 이것이 내가 제기한 문제였다. (…) 비로소 나는 이 문제에 대한 해답을 이성이 지배하는 지식에서 구해서는 안 된다는 것을 이해했다.

의미 문제에 대한 탐구 방법으로서 이성적 사고방식의 한계를 반성적으로 검토하면서 톨스토이는 두 가지 차원에서 진전을 이룬다. 첫 번째는 절대적 이성주의의 전제를 반성함으로써 편협한 사고에서 벗어나 이성적 사고의 한계를 분명하게 인식하게 된 점이다. 이로써 톨스토이는 이성적 사고에 적합한 문제와 적합하지 않은 문제를 구분할 수 있게 되었다. 또한 이성적 방법으로는 해결되지 않는 문제가 존재한다는 것도 깨닫게 되었다.

두 번째는 이성적 사고의 방법과 한계를 비판적으로 검토함으로써 톨스토이는 의미의 문제에 대해 생각하는 방식에 변화와 탈출구를 찾을 수 있었다는 점이다. 즉, 의미의 문제를 자신의 관점에서 구체적이고 명료한 방식으로 제기하게 되었고, 보다 자유롭게 사고함으로써 의미에 대한 물음을 새롭고 발전적인 방식으로 재구성할 수 있도록 해주었다. 결국 톨스토이는 의미에 관한 문제의 성격을 유한과 무한 사이의 관계에 대한 물음으로 이해하고, '나는 왜 살아야 하는가?'라는 물음을 '유한한 나의 존재는 무한한 세계 안에서 어떤 의미를 갖는가?'라는 물음으로 재구성해낸다. 혹은 우리는 다음과 같이 물을 수 있다. '죽을 존재인 유한한 인간이 어떻게 죽음을 극복하는 무한한 의미를 얻을 수 있는가?'

이렇게 재구성된 삶의 의미 문제를 보면, 그것이 왜 이성적 지식으로 해결될 수 없는 문제인지 잘 드러난다. 그 물음은 유한과 무한의 관계에 대한 물음이며 무한한 불멸의 의미에 관해 묻는 것이다. 이 물음은 이성의 탐구 영역을 넘어서는 물음이기에 이성이 적용되기에 적합하지 않은 문제다. 이성은 유한한 세계의 물음을 다루기에는 적합할지라도 무한한 세계를 다루기에는 한계가 있다. 따라서 유한과 무한 사이의 관계를 묻는, 즉 유한한 인간이 무한한 불멸의 의미를 묻는 삶의 의미 물음은 이성으로 평가하거나 해결할 수 없는 문제다. 이처럼 톨스토이는 의미의 문제에 대해 이성적 지식으로 해답을 구해서는 안 된다는 것을 깨닫게 된 것이다.

이러한 깨달음은 의미의 문제에 대해 새로운 사유의 방향과 해결의 돌파구를 마련해준다. 톨스토이의 문제 해결은 그 물음에 대한 이성적 접근의 한계를 깨닫는 지점에서 신앙에 의해 주어진다. 결국 톨스토이는 신앙을 통해 삶의 의미를 찾고 살아갈 수 있는 힘을 부여받는다.

신앙이 주는 해답은 유한한 인간 존재에 무한한 의미를 부여하는 것이다. 다시 말해, 죽음에 의해서 소멸되지 않는 불멸의 의미를 부여하는 것이다…. 오로지 신앙 속에서만 인생의 의미와 생존의 가능성을 발견할 수 있는 것이다.

## 사랑, 신앙의 길

톨스토이의 문제 해결에서 중요한 점은 기독교가 누구에게나 타당한 객관적 진리인지 여부가 아니라, 톨스토이가 의미의 위기에 직면하여 자신의 물음과 사고의 가정들에 의문을 제기하고 비판적으로 검토함으로써 기독교 전통의 의미를 새롭게 발견했다는 점이다. 즉, 톨스토이가 자신의 사고의 가정들에 대해 비판적으로 검토하고 반성적으로 사고함으로써 삶의 의미 문제를 해결했고, 그 결과 자신의 삶에 의미를 부여하는 신앙의 길을 찾았다는 점이 중요하다. 이렇게 도달한 신앙에서, 그는 예전과 비교할 수 없는 새로운 차원의 기독교 전통의 의미를 발견한 것이며 자신의 삶으로 실천하고 답할 수 있는 삶의 의미를 발견한 것이기도 하다.

톨스토이는 삶의 의미에 대한 위기를 통해 인간들이 추구하는 돈, 명예, 명성과 가족애 등은 죽음 앞에서 사상누각일 뿐 진정한 의미를 주지 못한다고 보았다. 그리고 유한한 인간의 삶이 구원받기 위해서는 영원불멸의 의미를 찾아야 한다고 보았다. 그렇지 않다면 인생의 모든 성취는 죽음과 함께 다 사라져버리거나 아무 의미도 없이 삶이 끝나버릴 것이라고 보았다. 그러면 유한한 인간 삶 안에서 추구해야 하는 영원한 의미는 무엇인가? 톨스토이는 유한한 인간이 추구하고 동경하는 무한한 의미, 유한성 속의 영원불멸의 의미가 무엇인지를 물었고, 그가 찾은 것은 사랑이라는 신의 법이었다. 그가 말하는 신의 법은 단지 인습적인 교회 전통과 교리가 아니라, 용서와 사랑을 실천한 신의 행적을 따르는 기독교 전통의 사랑의 원리였다.

　결국 톨스토이는 의미의 위기 속에서 지속적인 자기 성찰을 통해 삶의 의미 물음을, "유한한 인생의 무한하고 영원한 의미는 무엇인가?"라는 물음으로 다시 규정해낸다. 그리고 그 해결을 기독교 전통의 신의 사랑에서 찾는다. 즉, 톨스토이에 따르면, 유한한 인생의 무한한 의미는 사랑에 있다. 톨스토이가 찾아낸 삶의 의미는 그의 단편집에 등장하는 민중들의 삶에 잘 드러나 있다. 불멸의 삶의 의미는 사랑을 실천하는 삶에 있다. 톨스토이는 여러 단편들을 통해 그러한 삶의 모습을 잘 보여주고 있다. 사랑하는 것이 죽음보다 강한 삶의 영원한 의미이고, 사랑과 용서는 악마도 이기고 죽음도 이긴다. 사랑은 죽음을 이기고 부활하며, 우리 삶 속에서 사랑만큼은 죽지 않는 영원한 의미로 남을 것이다. 그의 단편집의 이야기들은 귀족들의 위선적인 삶이 아니라 노동과 땀에 뿌리내린 민중들의 굳건한 삶 속에서 신의 사랑에 참여하는 삶의 모델을 잘 보여주고 있었다. 톨스토이는 영원한 삶의 의미가 신의 사랑과 용서를 실천하는 삶 속에 있다고 보았다.

# 사랑에 구원이 있다

## 이반 일리치의 죽음

유한한 인생의 영원한 의미를 사랑에서 찾은 톨스토이는 자신의 작품 속에 그 의미를 구현시킨다. 『참회록』이후에 쓰인 단편들과 소설 『이반 일리치의 죽음』속에 면면히 흐르는 메시지는 사랑이다. 톨스토이는 삶의 의미 위기를 해결하는 과정에서 인간의 존재 의미는 물론 삶의 의미와 가치는 사랑에 있으며 사랑만이 우리를 구원한다는 생각에 도달한다. 이것이 삶의 의미 물음과 죽음에 관한 성찰을 통해 도달한 메시지다. 특히 『이반 일리치의 죽음』은 우리가 어떻게 해야 잘 죽을 수 있는지, 혹은 죽음을 잘 통과할 수 있는지 묻고 있다. 죽음에 대해 말하고 있지만, 어떻게 살았는지가 중요하고 잘 살지 못하면, 그리고 사랑이 없으면 우리는 죽음의 고통을 통과할 수 없다는 것을 이야기하고 있다.

톨스토이는 『이반 일리치의 죽음』에서 이반 일리치의 사망 소식으로 글을 시작하고 있다. "그는 사흘 밤낮을 끔찍한 고통에 시달리고 나서야 겨우 숨을 거두었다"는 소식을 듣고 그의 동료들은 그것이 자신에게도 일어날 수 있었던 일임을 애써 부인한다. 그것은 이반 일리치에게 일어난 일일 뿐 자신들에게는 일어날 일이 아니라고 생각하며 안도한다. 마치 자신은 죽음에서 예외인 듯 살아가는 일반인들의 태도와도 유사하다.

서두에 이반 일리치의 죽음을 명시함으로써, 이제 소설의 남은 이야기는 그의 삶이 어떠했는지, 어떻게 죽어갔는지, 그의 삶과 죽음의 과정을 기술하는 것으로 전개되리라는 것을 알게 해준다. 즉, 이 소설은 이반 일리치의 삶의 모습과 삶의 방식에 초점을 두고 있으며, 그런 삶이 그의 죽음과 어떻게 연관되며 그리하여 그가 자신의 죽음을 어떻게 받아들였는지가 중심 주제를 이룬다.*

그러면 이반 일리치는 어떻게 살았는가? (혹은 어떤 방식의 삶을 살았는가?) 삶의 방식과 죽음은 어떤 연관을 갖는가? 그는 어떻게 죽

---

\* 레프 톨스토이, 『이반 일리치의 죽음』, 박은정 옮김, 펭귄클래식코리아, 2009. 여기에서 인용하는 부분은 이 책에 근거한 것이다.

음을 받아들일 수 있었는가? (어떻게 죽음을 통과할 수 있었는가?) 이반 일리치의 죽음이 제기하는 이 세 가지 물음을 통해, 우리 각자의 삶과 죽음에 관해 성찰해보자.

## 이반 일리치의 삶의 방식

첫째, 이반 일리치는 어떻게 살았는가? 혹은 어떤 태도로, 어떤 방식의 삶을 살았는가?

이반 일리치의 삶은 세간의 눈으로 보면 나름대로 성공한 삶이라고 볼 수도 있다. 그는 젊은 나이에 판사가 되어 지역 유지로 활동하며 명성 있는 사람들과 어깨를 나란히 하며 활동했다. 일이 끝나면 같은 부류의 친구들과 모여 카드게임을 즐기며 하루 일과를 마무리하는 데서 행복을 느꼈다.

이반 일리치 자신의 입장에서 보면, 자신의 능력에 자부심을 갖고 있으며 그것에 부응하는 삶이 마땅히 주어져야 한다고 생각한다. 출세를 위해서라면 어느 정도 사소한 타협은 개의치 않지만 큰 잘못은 저지르지 않았다고 생각하며 별다른 죄책감을 느끼지 않는다. 동료들에게 뒤처지지 않기 위해 청탁을 하고 승진 대열에 빠지지 않기 위해 애쓰지만, 그런 행동을 잘못이라기보다는 오히려 자신의 능력이라고 생각한다. 자신은 업무 능력이 뛰어나고 나름 성공한 삶을 살고 있고, 퇴근 후에 친구들과 게임을 하는 등의 소소한 즐거움을 누리는 것으로 보상을 받는다고 생각한다. 그의 삶의 모토는 '인생을 진지하게 대하기보다는 산뜻하고 고상한 태도로 가볍고 즐겁게 사는 것'이었다. 그리고 '인생의 문제를 심각하게 받아들이는 대신 문제를 가볍게 만들어 불편한 상황은 외면하거나 벗어나는 것'이었다.

톨스토이의 눈으로 보면, 이반 일리치는 자기중심적이고 이기적으로 살아왔으며 진심으로 타인을 위한 배려나 사랑은 할 줄 모르는 자다. 가족에 대해서조차 진심에서 우러나오는 애정이나 공감보다 자신의 편리와 안락을 먼저 생각하며, 남이 부러워할 만한 삶으로 보이는 것에 지나치게 신경 쓰는 위선적인 삶을 살고 있다. 진실한 마음으로 세상과 사람을 대하기보다는 소유와 명예를 중시하고 남에게 그럴듯하게 보이는 삶과 평판을 더 중요하게 여긴다. 진정 자신에게 좋은 삶이 아니라 남에게 좋게 보이는 삶이나 사소한 것에 더 관심을 갖는 것이 이반 일리치의 삶의 방식이다. 그런데 이것이 바로 그의 죽음을 불러오는 계기가 된다.

## 삶의 방식과 죽음의 관계

둘째, 그의 삶의 방식은 그의 죽음과 어떻게 연관되는가?

이반 일리치는 자신이 새로 부임하는 곳에 집을 장만한다. 그리고 남이 부러워할 만한 실내 장식을 꾸미고, 남에게 멋지게 보이기 위해 혼자 집을 단장한다. 그러던 중에 사다리에서 미끄러져 옆구리를 살짝 다치는데, 바로 여기에서 그가 죽을병에 걸리는 계기가 시작된다. 남들이 보기에 감탄할 만한 집을 상상하며 집 단장을 하다가 다친 사소한 사고가 죽음에 이르는 병이었다면(물론 그의 병명은 의학적으로 끝까지 밝혀지지 않지만), 그의 병의 원인은 허영심이라고도 말할 수 있다. 그리고 진실한 삶을 추구하기보다는 남에게 어떻게 보이는지에 신경 쓰며 겉치레로 살아가는 것이 죽음 앞에서 얼마나 초라하고 후회스러운 삶인지 자각하게 해준다. 진실한 삶을 살지 못하면 그 때문에 죽음을 제대로 맞이할 수도 없게 된다.

또한 그런 점에서 이반 일리치의 삶의 방식이 그를 죽음에 이르게 한 병의 원인이라고 할 수도 있다. 누구나 다 죽음에 이르지만, 죽음 앞에서 자신에게조차 진실하지 못한 삶을 돌아볼 때 참담한 고통을 느끼게 된다. 잘 살지 못했다면, 즉 자신의 삶의 방식이 좋지 못했다면 죽음 앞에서 더욱 극심한 고통에 직면하게 된다. 이반 일리치는 죽음이 다가오는 것을 느끼면서, 그리고 이제 죽음을 피할 수 없다는 것을 깨닫게 되면서 점차 커지는 고통을 견딜 수 없게 된다. 그리고 죽음을 향해 달려가는 자신의 삶을 떠올리며, 비로소 그는 자신이 살아온 삶이 잘못된 것은 아니었을까 하는 생각을 하게 된다.

결국은 죽음을 향해 달려온 것이나 마찬가지인 자신의 삶을 되돌아보는 순간, 그때는 기쁨으로 여겨졌던 모든 것들이 이제는 그의 눈앞에서 허망하게 녹아내리면서 아무것도 아닌 하찮은 것으로, 더러는 구역질나도록 추한 것으로 변해버렸다.

그는 자신에게 말했다. "하지만 적어도 무엇 때문에 나에게 이런 일이 생겼는지 그 이유는 알아야 하는 거 아니야? 아니, 이것 역시 불가능해. 내가 인생을 잘못 살았기 때문이라고 한다면 그때는 설명이 가능하겠지. 하지만 나는 그것만은 도저히 인정할 수가 없어." 그는 자신의 삶이 모든 점에서 법도에 어긋나지 않고, 올바르고, 품위 있는 삶이었다는 사실을 떠올리며 스스로 이렇게 부인했다. (…) "그래, 도저히 설명할 길이 없어. 고통, 죽음… 도대체 무엇 때문일까?"

이반 일리치는 처음에 자신의 삶이 아무 잘못도 아무 문제도 없다고 생각하지만, 자신의 삶을 돌아볼수록 결국 모든 것이 잘못되었다는 것을 깨닫게 된다. 연민의 마음을 가지고 고통에 시달리는 자신을 지극한 정성으로 돌보는 하인 게라심의 얼굴을 바라보다 불현듯 '정말 내가 살아온 모든 삶이 잘못된 것이었다면 어떡하지?'라는 의심이 들기 시작한다.

전에는 절대 불가능한 것으로 여겨졌던 일, 그러니까 그가 살아온 인생이 송두리째 잘못된 것일 수 있고, 또 어쩌면 그것이 진실일 수 있다는 생각이 문득 들었던 것이다. (…) 그는 똑바로 누워 자신의 일생을 새로운 눈으로 되돌아보기 시작했다. (…) 그것들은 모두 잘못된 것이었으며, 그것들은 또한 삶도 죽음도 가려버리는 하나의 거대하고 무서운 기만이었다는 사실을 그들을 통해 똑똑히 알게 되었다.

자신의 고통을 진심으로 이해하고 공감하려 하기보다는 가식적으로 위로하는 가족과 친지들의 모습을 통해 이반 일리치는 자신이 살아온 삶의 실상을 똑바로 보게 된다. 자신의 인생이 진실하지 못했고, 자신은 남의 시선을 의식하며 위선과 가식과 체면을 위해 살아왔다는 생각이 들었다. 이와 더불어 자신이 수단으로 삼으며 추구했던 것들이 자신을 기만하고 자신의 삶과 죽음을 올바로 보지 못하게 하는 거짓이라는 생각이 들었다. 그리고 이반 일리치는 죽음으로 가는 지금의 이 고통이 자신이 살아온 삶의 방식과 무관하지 않다는 것을 깨닫게 된다.

## 죽음을 통과하기

셋째, 그러면 이반 일리치는 어떻게 이 고통을 벗어날 수 있었는 가? 혹은 그는 어떻게 죽음을 받아들일 수 있었는가? 그는 어떻게 죽음을 통과할 수 있었는가? 마지막으로 그가 어떻게 죽음의 순간에 깨달음을 얻고 구원에 이르는지 이해하기 위해, 좀 길게 인용한 텍스트를 직접 살펴보도록 하자.

"그래, 모든 게 잘못됐었어." 그가 자신에게 말했다. "하지만 별거아니야. 그래, 그러면 돼. '올바른 일'을 하면 되는 거야. 그런데 '올바른 일'은 대체 뭐지?" 그가 스스로 질문을 던지다가 갑자기 입을 다물었다.

그가 세상을 뜨기 한 시간 전에 일어난 일이었다. 바로 그 순간 김나지움에 다니는 아들이 살그머니 방문을 열고 들어와 아버지의 침대곁으로 다가왔다. 죽어가는 이는 (사흘째) 여전히 처절한 비명을 지르며 두 팔을 내젓고 있었다. 그의 한쪽 손이 소년의 머리에 맞았다. 소년이 그 손을 붙잡아 자기 입술에 갖다 대더니 울음을 터뜨렸다.

이반 일리치가 구멍 속으로 굴러 떨어져 빛을 본 것은 바로 그때였다. 빛을 발견한 바로 그 순간 그는 자신이 여태 잘못 살아왔으며, 아직은 이 잘못된 삶을 바로잡을 기회가 남아 있다는 사실을 깨달게 되었다. 그래서 '올바른 일'이란 무엇인지 스스로 물은 뒤, 조용히 귀를 기울이며 입을 다물었던 것이었다. 이때 누군가 자신의 손에 입을 맞추고 있다는 느낌이 들었다. 눈을 뜨자 아들이 보였다. 그는 아들이 가엾어졌다. 그는 아내를 바라보았다. (…) 그는 그런 아내가 불쌍해졌다. (…)

그러자 돌연 모든 것이 그에게 분명해지는 것이었다. 지금까지 그의 안에 꼭 박혀서 그를 괴롭히며 좀처럼 밖으로 나오지 않았던 것들이 갑자기 양쪽에서, 이어서 열 방향, 그리고 사방에서 한꺼번에 쏟아져 나왔다. 그는 가족들이 불쌍했고, 가족들이 마음에 상처를 받지 않도록 무언가를 해야 했다. 이 모든 고통으로부터 가족들을 해방시키고, 자기 자신도 해방되어야 했다. '아, 얼마나 좋아, 그리고 얼마나 간단해.' 그는 생각했다.

'그런데 죽음은 어디에 있지?' 그는 오랫동안 자신에게 머물러 친숙해진 죽음의 공포를 찾아보았지만 찾을 수가 없었다. 죽음은 어디로 갔을까? 그런데 무슨 죽음? 죽음이 사라진 지금, 공포 따위는 더 이상 존재하지 않았다. 죽음 대신 빛이었다.

죽음의 고통에서 벗어나려면, 먼저 자신의 삶이 어떠했는지를 진실로 깨닫는 과정이 필요하다. 그리고 잘못된 삶을 바로잡기 위해서는 자신의 삶이 잘못되었다는 것을 자각하는 것이 필요하고 그것이 우선되어야 한다. 이반 일리치는 자신이 잘못 살아왔다는 것을 깨닫는 순간 그 삶을 '바로잡기' 위해 '올바른 일'이란 무엇인지 성찰하기 시작한다. 그리고 '올바른 일'을 하는 것은 사랑을 느끼는 것에서 시작된다. 가족에 대한 진심 어린 사랑의 마음으로 그들을 대하고 바라보고 소망하는 것, 자신의 이기적인 안락함에 앞서 한 번도 누군가에게 진심으로 애정을 기울이지 않았던 삶의 방식을 전환하여 바로잡는 것, 그것이 그가 해야 할 '올바른 일'이었다. 어린 아들의 순수한 사랑에서 나오는 눈물이 그의 완고한 마음을 사랑으로 녹여주었고, 그 또한 사랑하는 마음으로 연민을 가지고 가족들을 바라볼 수 있었다. 처음으로 진정 누군가를 불쌍하게 여기고 사랑과 연민의 감정을 느끼게 된다.

그 순간 이반 일리치에게 고통이 사라지고 구원이 일어난다. 죽음의 공포가 사라지고, 그는 죽음 대신 빛을 보게 된다. 죽기 전 마지막 순간에 이르러 이반 일리치는 깨달음을 얻고 죽음 가운데서 구원을 얻는다. 죽음 대신 빛이 있었고, 그는 기쁘게 죽음을 맞이한다. 단 한순간에 그 모든 일이 벌어졌고, 이반 일리치는 그 한순간이 지니는 의미를 발견했으며, 그것은 영원히 변할 수 없는 것이었다.

우리는 그 순간을 경험하지 못했기에 그 순간의 의미를 충분히 안다고 말하기는 어려울지 모른다. 고통이 극심해지는 상황에서,

이반 일리치는 새로운 깨달음을 얻고 그것으로 구원에 이르는 실마리를 잡는다. '사랑만이 잘못된 삶과 어둠을 비추는 빛이 되어준다는 것', 그리고 비록 잘못 산 인생이라 할지라도 사랑으로 깨우칠 수 있다면 '죽음의 마지막 순간에도 구원은 가능하다는 것'이 『이반 일리치의 죽음』에서 찾을 수 있는 주요한 통찰이다.

마지막으로 기억해야 할 중요한 문제가 있다. 톨스토이는 이 소설을 통해, 죽음을 앞두고 죽음을 잘 통과하는 것의 중요성을 드러내고 있다. '우리는 어떻게 죽음을 통과할 것인가?' 이것이 『이반 일리치의 죽음』을 통해 떠오르는 물음이다. 이반 일리치는 죽음을 통과하지 못해 고통스러워한다. 처음에는 자신의 죽음을 이해할 수 없어 분노하고, 마지막에는 죽음의 터널을 통과하지 못해 고통스러워하며, 또 죽음을 통과하기 위해 무진장 애를 쓴다. 그 순간에 그는 자신의 삶을 되돌아보며 무엇이 잘못되었는지, 자기 삶이 무엇이 문제인지 자문한다. 어쩌면 우리는 죽음을 피할 수도 없지만, 동시에 당연히 그냥 죽어지는 것도 아닐 수 있다. 그 순간에 직면하여 죽음을 통과해야 하고 죽음의 과정에서 깨달음을 얻어야 한다. 그리고 매우 짧은 순간에라도 '올바른 일'을 해야 한다.

톨스토이는 『참회록』에서 인생의 영원한 의미는 사랑에 있다는 것을 강조하는 동시에, 『이반 일리치의 죽음』에서는 사랑이 없으면 (진심으로 사랑한 적도, 사랑받은 적도 없다면) 죽음을 제대로 통과할 수 없다는 것을 말하고 있다. 이 두 가지가 죽음에 관한 톨스토이 사유의 핵심 메시지다. 톨스토이는 죽음을 통과하려면 사랑이 필요하다고 말한다. 사랑은 고통스러운 죽음을 통과하도록 해주며 동시에 사랑은 죽음을 이기기 때문이다. 사랑은 추상적인 것이 아니라 구체적인 삶의 방식에서 나온다. 우리가 사랑을 실천하는 삶을 산다면 죽음을 통과하는 훈련을 하는 것이다. 사랑은 자신을, 자신의 이기심을 죽여야 하기 때문이다. 이러한 메시지는 오늘날에도 우리가 죽음을 잘 통과하고 삶을 완수하려면 우리 삶의 방향이 어디를 향해야 하는지 말해주고 있다. 죽음의 고통을 통과하는 길도 불멸의 길도 사랑에 있다는 것을 말해준다.

'사랑은 죽음보다 강하다'는 것은 어떤 의미일까요? 이 말의 의미를 자신의 경험과 연관 지어 생각해봅시다.

죽음의 진정한 문제는 '어떻게 죽음을 극복하거나 피할 것인가?'
가 아니라, '죽음을 어떻게 받아들이고 살 것인가?'에 관한 것이다.
우리는 죽음을 망각하고 잘 살 수 없으며, 잘 살지 못한다면 잘 죽
을 수도 없다. 죽음을 의식하고 주어진 시간의 한계를 의식함으로
써 우리는 어떤 삶을 살아야 할지, 어떻게 사는 것이 가치 있는 삶
이며 의미 있는 삶인지, 어떻게 해야 죽음의 순간에 후회하지 않을
지 등을 묻게 된다. 어쩌면 우리가 삶의 의미를 묻거나 추구하는 것
은 죽음이 있기 때문이고, 그리하여 우리의 삶이 끝나는 때가 있기
때문이다. 죽음이 있기에, 우리는 언젠가 자신의 삶에 대해 평가할
수 있는 때가 온다는 것을 안다. 그렇다면 삶의 의미 문제는 죽음을

피하거나 지연시키는 것에 있는 것이 아니라, '죽음을 피할 수 없는 인간이 그럼에도 불구하고 어떻게 사는가?'의 문제다. 또한 죽음을 어떻게 삶과 연관시킬 것이며, 삶에서 죽음을 어떻게 위치시킬 것인지의 문제이기도 하다.

삶의 의미는 '전체로서의 삶'을 전제로 하며, 전체 삶은 죽음을 통해 경계 지어진다. 죽음으로 비로소 삶이 완결되고 '전체로서 하나의 삶'이 드러나기 때문이다. 그때 비로소 한 개인의 일생과 한 개인의 역사의 의미가 드러난다. '전체로서의 삶'을 그려보기 전에는 자기 삶의 단편이나 자신의 행동의 의미가 모두 드러나지 않는다. 동시에 죽음으로 인해서 우리는 삶을 완수하거나 삶 전체에 걸친 의미를 생각할 계기를 갖는다. 그런 점에서 죽음이야말로 전체 삶에 의미를 부여하거나 그 삶을 평가하기 위한 전제가 된다. 또한 죽음을 염두에 둘 때, 비로소 우리는 자신의 삶을 완성하는 과제를 깊이 숙고하게 된다. 어쩌면 마지막 자기 성찰의 순간, 죽음의 순간에 모든 것들의 의미가 드러나거나 새롭게 가치 매겨질 것이다.

우리는 죽음에 직면하여 절망과 좌절을 느낄 수도 있지만, 반대로 자신의 죽음을 의식하거나 사유하는 것으로부터 새로운 삶의 방향이나 가치를 찾아가는 계기를 만날 수 있다. 그러한 계기는 죽음의 조건을 불운이 아니라 행운의 선물로 받아들이는 태도에서 나온다. 죽음으로 인해, 역설적으로 삶의 시간은 조건 없이 부여받은 선물이 될 수 있다. 우리는 이 책에서 몇 명의 철학자들과의 대화를 통해 그러한 삶의 선물에 대해서 성찰하려고 했다. 여기에서 우리가 만났던 사상가들과 철학자들은 죽음의 사유로부터 어떤 가치를 찾고자 했는가?

그들은 자신의 이기적 욕망이나 세속적 가치에 사로잡혀 영혼이 오염되지 않도록 훈련하는 것, 외적인 가치들에 구속받지 않는 참 자아와 자유의 길을 가는 것, 삶의 부조리에도 불구하고 자신을 속이거나 타협하지 않고 열정을 다해 진실한 삶을 사는 것, 자기 삶을 창조하는 삶의 저자가 되는 것, 그리고 우정과 사랑으로 죽음을 통과하고 죽음을 이기는 부활의 메시지를 전한다. 그리고 죽음에 직면하여 진실로부터 도피하지 않도록, 각자의 삶 속에서 삶의 가치와 불멸의 의미를 찾으라는 통찰을 제시한다. 죽음에 직면하여 용기와 진실, 자유와 열정, 우정과 사랑을 말하고자 했던 철학자들은 자신의 방식대로 이러한 불멸의 의미를 찾으려고 했던 것은 아니었을까? 그들은 방법은 다를지라도, 삶과 죽음에 올바로 마주하는 자세와 길을 보여주었다.

인간은 영생을 추구한다지만, 죽지 않고 끝없이 사는 것이 인간에게 좋은 것만은 아니다. 죽음이 없다면 시간은 늘어지고 삶은 사소해져버린다. 죽음으로 인해 오히려 삶은 생기가 돈다. 죽음을 의식하는 것은 시간의 소중함을 알며 삶의 진실을 찾으려는 동기를 부여한다.

나는 죽음의 사유를 통해 각자 추구하는 삶의 가치를 만나기를 기대한다. 죽음을 회피하지 않고 죽음을 올바로 의식하며 사는 것이 우리 삶을 더욱 가치 있게 만들어줄 것이다. 혹은 죽음을 의식하는 것에서 삶에 가치를 부여하는 선물을 찾을 수 있다면, 우리로 하여금 더욱 열정적으로 활기 있게 살아가도록 해줄 것이라고 믿는다.

그린이 **백두리**
'아닌 척, 괜찮은 척, 아무렇지 않은 척' 뒤에 숨은 진짜 감정에 관심이 많고 그런 것들을
그리고 있습니다. 『말하자면 좋은 사람』 『너는 나에게 상처를 줄 수 없다』 『할머니는 죽
지 않는다』 『요즘 엄마들』 등 여러 책의 표지와 내지 그림을 그렸고, 그림 에세이 『나는
안녕한가요?』 『혼자 사는 여자』를 쓰고 그렸습니다.

## 사소하지 않은 생각

ⓒ 김선희, 2017

초판 1쇄 발행일  2017년 10월 31일
초판 4쇄 발행일  2023년  8월  8일

지은이    김선희
그린이    백두리
펴낸이    정은영

펴낸곳    (주)자음과모음
출판등록  2001년 11월 28일 제2001-000259호
주소      10881 경기도 파주시 회동길 325-20
전화      편집부 (02)324-2347, 경영지원부 (02)325-6047
팩스      편집부 (02)324-2348, 경영지원부 (02)2648-1311
이메일    jamoteen@jamobook.com

ISBN 978-89-544-3788-2 (44080)
     978-89-544-3135-4 (set)